リモート営業の極意

外資系トップセールスが教える
〝会わなくてもバンバン売る〟技術

Yu Zaitsu
財津 優

WAVE出版

はじめに――リモート営業ができない営業マン（企業）は消えてゆく

あなたが本書を手に取られた動機は、次のような理由からではありませんか？

・リモート営業をマスターして売り上げを大きく伸ばしたい
・リモート営業を導入したいが、上手なやり方がわからない
・新しいことが好きなので、今流行のリモート営業を詳しく知りたい
・コロナ禍で客先に訪問ができないので、リモート営業に移行せざるを得ない
・会社や上司から「リモート営業をしろ」と言われている
・これまでずっと客先に行くのが面倒だと思っていたので、これを機にリモート営業メインに移行したい

コロナ禍に突入し、営業マンの働き方は急激に変化しました。

コロナ禍以前にリモート営業を取り入れていた営業マン（企業）は、世間的にも先駆けで、効率的かつコストパフォーマンスの高い営業活動をしていたと思います。

新型コロナウイルスによる影響は大きく、あっという間に時代は変わってしまいました。

それまでは普通に客先に訪問ができていましたが、多くの営業マンは、お客さまから急に「来るな！」と言われるようになってしまったのです。


リモート営業にかかわるサービスを提供している世界的な企業であるセールスフォースの調査によると、コロナ禍以前の2019年時点で日本のビジネスパーソンのうちの約70パーセントが、当時一番メジャーであったリモート営業の別の呼び名である「インサイドセールス」という言葉自体を聞いたことがなかったそうです。

日本のリモート営業の普及率も約11パーセントという低さでした。

以前はリモート営業を使いこなせていたら一歩リードしているという状況でしたが、今では競合他社に差をつけているという感じではないと思います。

むしろ、「使いこなせなければ不利になる」というのが現状です。

リモート営業を活用しはじめた営業マンが増えたのはよいことですが、そのノウハウを持っている企業は非常に少ないようです。リモート営業で結果を出して昇進したという上司は少ないでしょうから、指導をするのも難しいでしょう。

その結果、営業マン個人の裁量にまかされている部分が大きいので、イチから手探りで習得していくしかないという、非常に厳しい環境に身を置いている方も多いのではないでしょうか？

そんな営業マンのお役に少しでも立ちたいと思い、私の持っているリモートスキルのすべてをまとめたものが本書になります。


申し遅れましたが、私は財津優と申します。

簡単に自己紹介をさせていただきますと、世界約２００カ国に展開する大手外資系企業にて、入社1年目から売り上げ金額と新規獲得顧客数の両方で、２位にダブルスコアの大差をつけてトップとなり「新人賞」と「優秀セールス賞」をダブルで獲得。

そのあとも毎年トップセールスとして表彰されつづけ、２０１７年にはニューヨークや中国でも表彰され「Winner」の称号を獲得しました。そのかたわらで、講演会やセミナーの開催、セールスコンサルティングなども行ない、個人コンサルの生徒さんは100パーセント実績を上げることに成功しております。

そして2019年に、リモート営業のコンサルティング会社を設立しました。

サービス内容を構築し、Web会議システムの世界シェアでナンバーワンを誇るCiscoの日本法人、シスコシステムズ合同会社（以下シスコ）さんとパートナーシップを組み、準備を進めておりました。先ほど述べましたように、2019年の時点ではWeb会議システムを使った営業手法は、日本ではほとんど知られておらず、そこには大きなビジネスチャンスがあったのです。

しかし、そんな私の計画も新型コロナウイルスの影響によって、断念せざるを得ませんでした。コロナ禍において、リモート営業は常識化したので、私はそのビジネスから離れる決断を下したのです。

さて、あなたはすでに「リモート営業」を使いこなしていますか？

リモート営業とは一般的に「インサイドセールス」や「オンライン商談」などとも

呼ばれています。海外では「バーチャルセールス」なんて呼び方もするそうです。

これらの営業手法は、お客さまと直接対面して商談をするのではなく、電話やメール、Ｗｅｂ会議システムを使って、客先に訪問をしないで商談を行なうことを指します。

それらをまとめて本書では「リモート営業」で統一しています。

本書の作成に当たって、シスコさんに全面的にご協力をいただきました。

同社と私がタッグを組んだリモートスキルを、出し惜しみすることなくご紹介させていただいております。

楽しみながら業務に活用して、結果につなげていただければ幸いです。

すでに多くのビジネス書で紹介されているので、耳にタコができるほど聞いたことがある方もいるかもしれませんが、私の好きな米国の経営学者レオン・メギンソンの言葉をご紹介します。

最も強い者が生き残るのではなく、最も賢い者が生き延びるのでもない。
唯一生き残ることができるのは、変化できる者である。

まさに今の状況にピッタリの格言だとは思いませんか？

今、変化に対応できるかどうかで、われわれの未来が決まってしまうと言っても過言ではありません。

新時代の扉はすでに開いています。

そして、これからも変化のスピードは、ますます加速していくことでしょう。

変化を恐れることなく、今いるこの世界を楽しみたいものです。

さあ、新しい営業の世界への第一歩を踏み出しましょう！

目次

リモート営業の極意

第1章 今こそリモート営業に切り替えよう

第2章 アポイントメント設定から初回の商談までの流れ

第3章 2回目以降の商談をどう進めるか？

第4章 リモート営業では実はとても大切なメールの活用法

第5章 Web会議システムのメリット／デメリットを知る——使い方、使いどころには注意する

第6章 必ずうまくいく！ Web商談の上手な進め方
――デモンストレーション（商品説明）のときに注意すること

本書モニター読者の皆さまから
お寄せいただいた感想

まさに今知りたい内容でした。リモート営業のやり方やメリットを具体的に知ることができました。ケースバイケースで対面営業を混ぜながら、営業していくことも書かれているので、リモート営業に抵抗がある人でも読んだあとには試してみようという気持ちになると思います。この本を読んで、改めて変化していくこと、チャレンジしていくことの大切さを感じました。

やる、やらないと言う前にこの本を読もう。
この本こそ営業の未来のポジティブな教科書だ。

「リモート営業」について知りたい、「営業」ができるようになりたい、と思って読んだ本でしたが、この本は、「営業」だけではなく、「現状の生き方」をも考えさせられる内容になっていました。「今の環境に合わせて変化をしよう」「変わることは怖くない」という著者のメッセージ。また、「こんなやり方・アプローチがあるよ」という具体的な方法も載っていました。変化に対するハードルを下げてくれ、背中を押してもらえる。これからの時代に合った1冊だと思いました。

リモート営業についてわかりやすく書かれており、どんなものなのかということもすぐに理解できましたし、リモート営業で成功する可能性がそんなに高いことは驚きでした。営業の本来の目的はお客さまの困りごとを解決することで、訪問することは重要ではないということと、リモート営業をすることは、営業マンにとってもお客さまにとっても経費や時間という面でもメリットが大きいことがよくわかりました。新しい時代、リモート営業を使わない手はないと思いました。

本書は、特にリモート営業が普及していない業界にいる方におすすめしたい1冊です。本書では、リモート営業とは何か、その効果やメリットを具体的な数字とともに解説し、その一方でデメリットやケースごとの対処法、活用術などを非常にわかりやすく説明されています。著者は以前より、効率のよい営業を実践されており、本書ではその極意をアフターコロナ／ウィズコロナに適応させた内容に進化させてご紹介されています。これからリモート営業を導入して売上を伸ばしたいという方はぜひ読んでみてください。

世界No.1営業マンがコロナ禍以前から日本に普及させようと取り組んでいた「リモート営業」。この1年で状況が一変し、「リモート営業」が新常識になりつつあります。世の中の変化を捉えたうえで、「これからの営業の世界がどうなっていくのか」についてのビジョンやリモート営業の概念がわかりやすい言葉で語られています。また、著者の実務経験から得た手法も出し惜しみなく語られていて、著者の人柄も伝わってきます。これからリモート営業を取り入れようとしている方、すでにリモート営業を取り入れているけれど、結果につながっていない方にとっては教科書となる1冊だと感じました。まさに手元に置いておきたい1冊です!

「リモート営業ができない営業マン(企業)は消えてゆく」に、ドキッとさせられました。でも、気づいている人はきっと多いはず。〝日本の営業マンの約90%がリモート営業の初心者〟なら、これは大きなチャンスです。今まで苦手意識を持っていた営業マンほど、このチャンスに乗っかるべきだと改めて感じました。売り上げアップ、パフォーマンスアップ、コストダウンの3拍子揃った「リモート営業」。成功への具体的なノウハウを、この本から吸収したいです。

コロナが世界の情勢を変えたけど、僕らの心の中(仕事のやり方)を変えるのは容易じゃない。だからこそ、変われる人は強いんだと、そう思えた本です。凝り固まった思考では、前に進めずに取り残されるだけ。今までの営業の常識に縛られている人、この本はその羅針盤になります。まずは読んでみましょう。そこから新たな旅が始まります。

本当にできる営業マンだから書ける「リモート営業の極意」。1つひとつに説得力があります。コロナ禍を通じて、営業する側もお客さま側も、通常のアポイントであればオンラインのほうがお互いに楽で、デメリットもそれほどないということに気づいてしまいました。このリモート営業のスタイルはしばらく続くことでしょう。営業マンに限らず、リモートワークをしているすべてのビジネスパーソンにとって、仕事の極意が学べる1冊です。

「リモート営業をもっとチャレンジしてみよう!」と前向きに考えることができました。私はWeb面談や電話を駆使していたつもりですが、よく振り返ってみると遠隔営業に置き換えることができた商談が数多くあります。特に胸に響いたのが活動経費の考え方です。企業に身を置いていると自らの経費にあまり関心はないのですが、綿密な計算によって自らの営業活動の価値を推し量ることができると感じました。いち一般社員の立場ではなく、経営者目線で日々の活動を考える必要を強く認識しました。

コロナの影響で今までの対面営業ができなくなり、危機感を抱いていたところに出合ったのが本書でした。対面で行なっていたことをリモートに置き換えただけだった自分の営業方法がいかに間違っていたかがわかり、ハッとしました。リモートは対面の補完ではなくお客さまを大切にした営業を長く続けていくために有効なものだと確信できたので、今後も何度も本書を読み返し、1つひとつ実行に移していこうと思います。

訪問型営業マンは、「お客さまに会いに行くこと」が目的になっている人がいます。リモート営業は、そんな「何かありませんか?」的な御用聞き営業から提案型営業に生まれ変わるチャンスだということをこの1冊から読み取れます。コロナ禍においてリモート営業に変わりつつある今、彼らは、「改めて営業の本質を考える」きっかけとなるのではないでしょうか。

Special Thanks

青木 尚
秋山 裕
秋葉隆宏
阿部祐大郎
荒井星利奈
荒木啓太
石和 実
伊東 稔
伊東 豊
岩崎 歩
浦下敏彦
海老原勇人
大城幸重
太田陽平
大平 尚
大塚さと子
岡本文宏
鬼沢有紀子
小野洋介
加藤伸也
門脇信浩
金子利博
上浦有賀
神谷海帆
川口拓也
桐ケ谷淳一
工藤里実
工藤裕介
古井戸庸夫
小山達也
近藤 舞
齊藤洋仁
櫻井俊宏
貞清忠仁
佐藤珠美
佐野友香
澤田俊天
芝崎陽子
島田郁子
島田浩司
下釜勝明
新宮健二
鈴木健吾
鈴木 誉
鈴木康之
鈴木佑子
鈴木 亘
住本英貴
曽川雅史
高橋 聖
田口康弘
竹内やよい
竹澤 薫
田代幾美
田添啓太
田中千秋
田中幸征
谷川 潤
田村永江
田屋 篤
千葉ハルカ
千葉ゆうか
鶴戸 将
中原かおる
西村 崇
長谷川輝高
波根純美
羽田佳代
濱松敏廣
林田岳大
原芽久美
廣畑和希
尾藤克之
福地智史
藤島雄大
藤野政人
藤原麻美
藤原喜仁
舩木将司
舩田瑞輝
古川創一
蓬莱梨乃
松下邦俊
松永雅実
三保隼人
溝脇大輝
宮川晴代
向井亮二
武藤加奈
村田佳寿美
邑井一郎
森 絢子
森 一喜
安田恵美
矢部健人
山口 徹
山崎和子
山田龍也
山長 徹
吉田幸弘

※五十音順、敬称略

ブックデザイン　bookwall
本文DTP&図版制作　津久井直美
プロデュース&編集　貝瀬裕一（MXエンジニアリング）

第1章

今こそリモート営業に切り替えよう

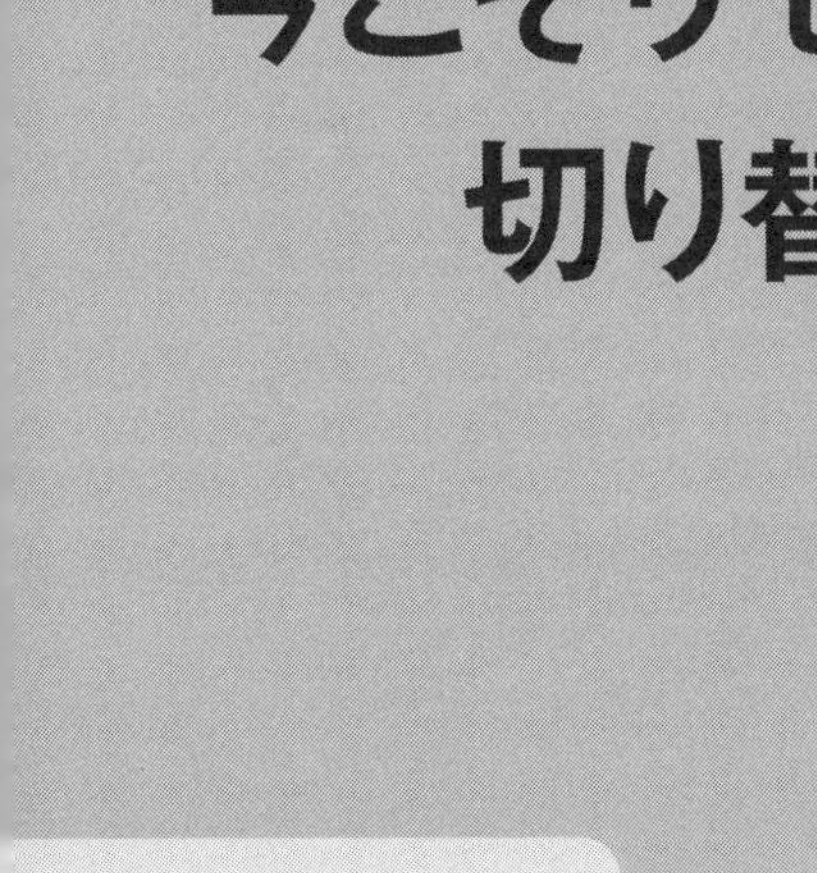

01

リモートでも対面と同等以上の効果がある

アフターコロナ／ウィズコロナ時代に突入し、営業マンのニューノーマル（新常態）はリモート営業にシフトしつつあります。

２０２０年、新型コロナウイルス感染症の拡大が起因となった緊急事態宣言発出の際には、外出にかなりの制限があったため、客先への営業活動ができなくて困った営業マンは多いと思います。

そこで脚光を浴びたのが「リモート営業」というわけですが、営業マンにすんなりと受け入れられたとは言い切れないでしょう。

どのようなことであっても、新しいことをスタートするにあたっては、常に一定数の反対層が存在します。

特に長い間、営業職で活躍されていたベテランの方たちは、これまでのやり方を変えることに抵抗感を覚えているようです。

ここで「リモート営業」反対派の代表的な意見を挙げてみましょう。

・顔を突き合わせないと営業とはいえない
・お客さまに失礼だ！
・Web会議システムの操作を覚えるのが面倒だ
・テレフォンアポインター（以下テレアポ）と同じじゃないか

このような感じで、新しいことを受け入れられない人は世の中には非常に多いのです。

テレアポと同じだと思っている方も多いようなので、テレアポとリモート営業の違いについて、簡単に説明をさせていただきます。

テレアポとは、その名の通り電話でアポイントメントを取ることが使命です。

アポイントメントが取れたら、その先の業務は営業マンに引き継ぎます。

しかし、リモート営業では、アポイントメントの獲得からクロージングまで、すべてのプロセスをリモートで完結させることが可能です。

企業によっては、マーケティングとフィールドセールス（外勤の対面営業マン）の間にリモート営業（この場合は内勤の営業マンを指します）が入り、架け橋的な役割を担当しているというケースも見受けられます。

あるいは、大型案件はフィールドセールスが担当し、小型案件はリモート営業が補うという形に分けている企業もあります。

しかし、こうしたリモート営業のやり方が主流だったのは、コロナ禍以前のことです。今ではすべてのプロセスをリモート営業に切り替えた企業が多くなってきました。

あなたはまず、すべての営業プロセスをリモートで行なうことを目指しましょう。

あっ！　今「そんなの無理！」と心の声が聞こえてきましたよ（笑）。

確かに、すべてのプロセスをリモートで対応することに向いている業界と、そうでない業界があるとは思います。

しかし、まずはご自分の置かれている状況下で、チャレンジしてみることが重要です。取り組んでみて、すべてのプロセスをリモート化するのが難しいというのであれば、やりながら修正していけばよいのです。

大半の企業が「営業効率が上がった」と感じている

さて、ここでコロナ禍に突入する以前の2019年10月に、Hub Spot Japan株式会社が実施した「日本の営業に関する意識・実態調査」の結果を見てみましょう。

日本のリモート営業の導入率は11・6パーセント、アメリカでは47・2パーセント、ヨーロッパでは37・1パーセントという結果となりました。

欧米に大きな遅れをとってはいるものの、外資系企業の日本進出の影響もあって、日本でも徐々にリモート営業が活用されはじめていました。

ちなみに、欧米での普及率が高いのは、国土が広いため顧客先への訪問に多くのコスト（お金、時間）がかかるというのが要因のようです。

確かにきっかけは国土の広さかもしれませんが、常識化するまでに普及した最大の理由は、

「リモート営業でも売れる!」

からにほかなりません。

では、コロナ禍におちいったあとの日本の状況を見てみましょう。

次ページのグラフは、ベルフェイス株式会社による「オンライン商談に関する実態調査」の結果です。

リモート営業と訪問営業の比較ですが、「上がった」と「変わらない」の合計がすべての項目において70パーセントに達しました。

リモート営業を導入して間もない企業も多いですが、大半が「営業効率の向上」を実感していることが明らかになりました。

現在も「訪問で営業をしないと成果につながらない」とか「リモートでは取引先に熱意が伝わりにくい」といった古い価値観にとらわれている企業もけっこうあります。

「リモート営業に抵抗がある」という方は、心の中にこのような現状維持バイアスがあるのだと思います。しかし、それを取り除くことはこれからの時代に営業マンとし

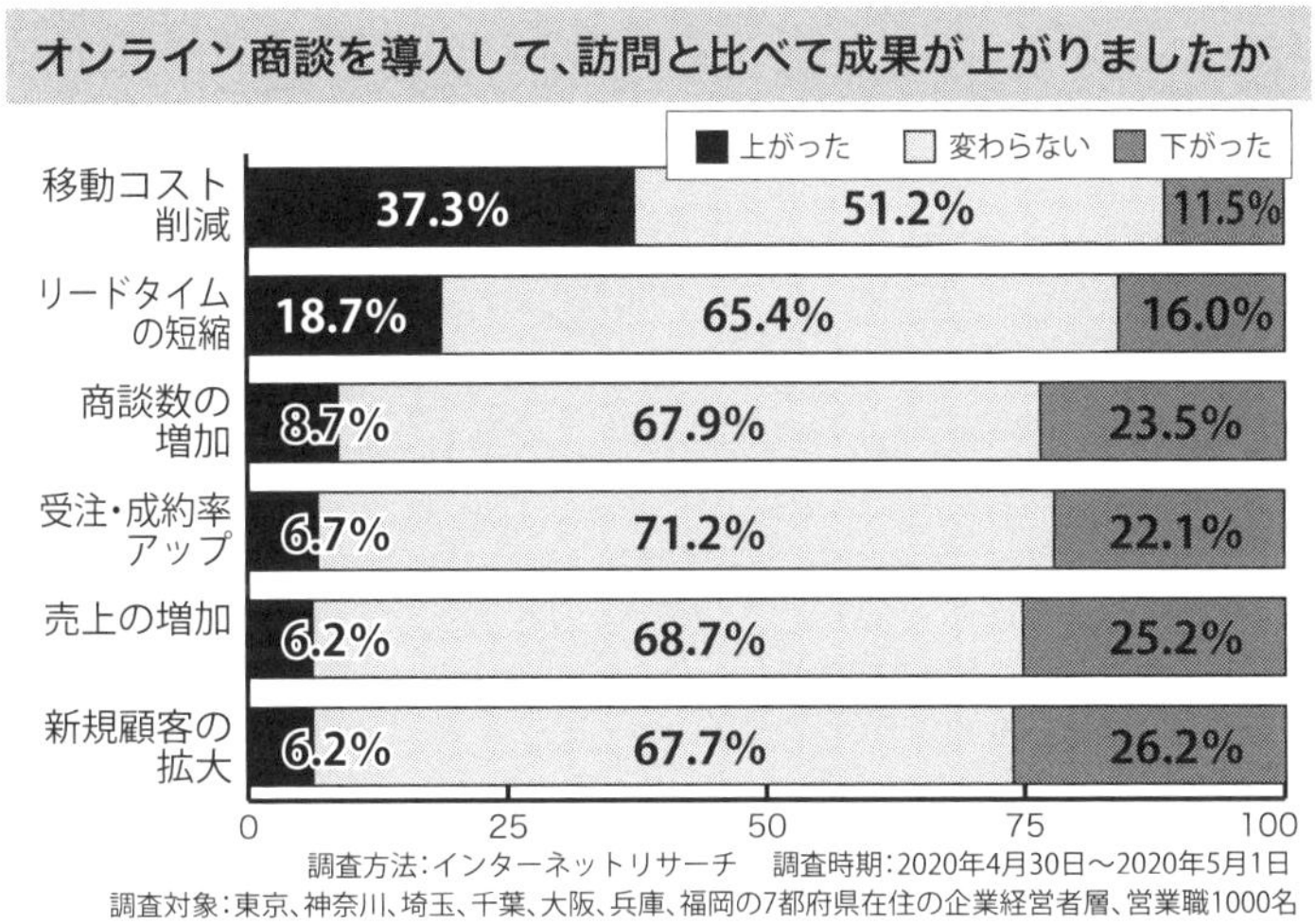

出典:ベルフェイス株式会社が2020年5月18日に発表したプレスリリース「「オンライン商談」に関する実態調査をベルフェイスが実施」https://corp.bell-face.com/news/2935

て仕事をするうえで避けては通れない道です。

結論としては、この調査結果からリモートでも訪問と変わらず、十分に効果が実感できると考えてよいでしょう。

さらに、2020年5月に発表されたシスコのリモート営業についての見解においても、

「商談において、予想以上にリモートのほうが高い成果も出せて、効率もいい」

とあります。

これらの結果から、すでにリモート営

業の効果を実感している営業マンや企業が数多く存在することが証明されました。

リモート営業を活用すれば売り上げがアップすることがわかっているのですから、取り組まない手はありませんよね。

!

1 アポイントメントの獲得からクロージングまですべてのプロセスをリモートで完結させることができる

2 まずは取り組んでみて、すべてのプロセスをリモート化するのが難しいのであれば、やりながら修正する

3 すでにリモート営業の効果を実感している営業マンや企業が数多く存在する

02

圧倒的なコストダウン！リモート営業をやらない手はない

リモート営業の最大のメリットの１つはなんといっても〝コストダウン〟です。

ちょっと考えただけでも、人件費、交通費、宿泊費などの経費や時間が大幅に節約できそうですよね。

先ほどと同じ２０１９年10月に実施されたHub Spot Japan株式会社による「日本の営業に関する意識・実態調査結果」によると、営業に関する業務の中で営業マンに「働く時間のうちムダだと感じる時間の割合」を質問したところ、回答者全体の加重平均で、

「働く時間の25・5パーセントはムダ」

給与所得者の時給	1日の労働時間	1カ月の営業日数	年間換算	法人営業職就労人口	「ムダだ」と感じる時間
2186円 ×	9.5時間 ×	21営業日 ×	12カ月 ×	62万人 ×	25.5%

日本の法人営業のムダ＝約8300億円

さらに、営業職全員に広げると約4兆円のムダが発生している

【時給】「平成30年分民間給与実態統計調査」（国税庁）の「1年を通じて勤務した給与所得者の1人当たりの平均給与（年収）」の440.7万円を利用して算出
（https://www.nta.go.jp/information/release/kokuzeicho/2019/minkan/index.htm）

【営業職就労人口】平成27年国勢調査（総務省統計局）。小分類「34a 機械器具・通信・システム営業職業従事者」を「法人営業職」と定義。「営業職全員」の人口としては中分類「営業職業従事者」を利用（https://www.stat.go.jp/data/kokusei/2015/index.html）

【1日の労働時間】法定労働時間の8時間に、今回の調査で明らかになった営業担当者の1日あたり平均残業時間1.5時間を加えて算出

出典：Hub Spot Japan株式会社「日本の営業に関する意識・実態調査結果」
https://www.hubspot.jp/company-information/inside-sales2019

という結果になりました。

これを金額に換算すると、年間約8300億円にものぼります。これは大きな経済損失ですね。

さらに業務の中でムダだと思うことを質問すると、

・社内会議　33・9パーセント
・社内報告業務　32・4パーセント
・キーパーソンと面会できず再訪問　26・6パーセント
・日々の商談の移動時間　24パーセント

このような結果でした。

社内での情報共有に関するものが、見事にワンツーフィニッシュを飾りました。外回りが中心の営業マンは、いかに社内業務をムダに感じているかを如実に表す結果といえるでしょう。

この部分に関してはリモート会議に移行している企業が増えていると思いますが、ダラダラと長時間の会議にならないよう、内容も改善できたらベストですね。

時間と体力を消耗するうえに経費もかかる対面営業

さて、私は以前とても広い範囲の営業担当エリアを受け持っておりました。埼玉県に住んでいたのですが、新潟県、長野県、群馬県、栃木県、茨城県などに出張ベースで毎日のように通っていました。特に、新潟までの距離は300km以上あり、車での移動時間は片道4時間以上かかりました。ちょっとした旅行ですね（笑）。

新潟県に通っていたころのスケジュールですが、朝早くに出発して、お昼前に現地に到着するとします。朝から4時間以上も運転をすると、さすがに相当疲れたものです。気合いを入れて営業活動を行ないますが、午前中でかなりのエネルギーを使い果たしてしまいます。午後も疲れた身体にムチ打って活動しましたが、その日の夜にはグッタリでしたね。

ちなみに大雪で車が動けなくなって、車中で1泊したこともあります。エンジンをかけたまま眠るのも怖いので、一睡もせずにすごしましたが、体力的にもメンタル的にも相当キツイものがありました。

というように、車で広い範囲を営業で回ることは、非常に非効率だと言わざるを得ません。それをわかっていながらも、そのような活動をするしかなかったのです。

しかし今は、そのときとは状況がまったく違います。リモート営業を活用すれば、長距離運転をする必要はなくなるのです！

私の新潟県への出張を例に挙げて、コストを計算してみましょう。

まずは移動費ですが、高速料金が往復で約1万円、ガソリン代金も往復で３０００円ほどなので、合計約1万３０００円になります。

次に宿泊費です。新潟県に出張で行くときは2泊3日でプランを組んでいたので、宿泊費は1泊約1万円で、２泊すると約2万円です。

それに加えて食事代を約３０００円（私は1日1食しか食べない変人なので、夕食代しかかりません）、そして駐車場代を約１０００円とします。

すると営業経費のトータルは約３万７０００円になります。それなりに高い金額だと思います。出張のたびに経費の数倍以上の売り上げを得られていない場合、それだけで考えると会社は赤字です。

しかし、これをリモート営業に置き換えると、かかるコストは通信費くらいです。せいぜい数百円程度ではないでしょうか。

それに加えて、先ほど述べたように、長距離運転をしたあとの営業活動は疲労困ぱいでベストコンディションではありません。客先への訪問件数も1日3～4件程度でした。

しかし、**リモート営業にすると、移動時間を商談時間に変換することができます。商談の件数を2倍にも3倍にもすることが可能なのです！**

知人の例を紹介します。

Hさんはリモート営業に前向きなタイプの営業マンです。

Ｗｅｂ会議システム、電話、メールをＴＰＯを意識しながら、積極的に活用されています。

あるとき、Hさんはお客さまに、急いでお伝えしなければならないことがありました。今まででであれば、これを最優先にして片道1時間半の道のりを車でかっ飛ばしたそうですが、そのとき冷静に考えてみたら

「あっ、電話でいいかも！」


と思ったそうです。

すぐに電話をかけて、15分ほど説明をして事なきを得ました。

今までと同様に訪問をしていたら、往復の移動で3時間はロスしていたわけです。浮いた3時間でほかのお客さまを訪問したので、かなりコストパフォーマンスの高い仕事ができたといえるでしょう。

約18％の営業マンが年間60万円以上の経費を使っている!?

営業経費（交通費・宿泊費など）

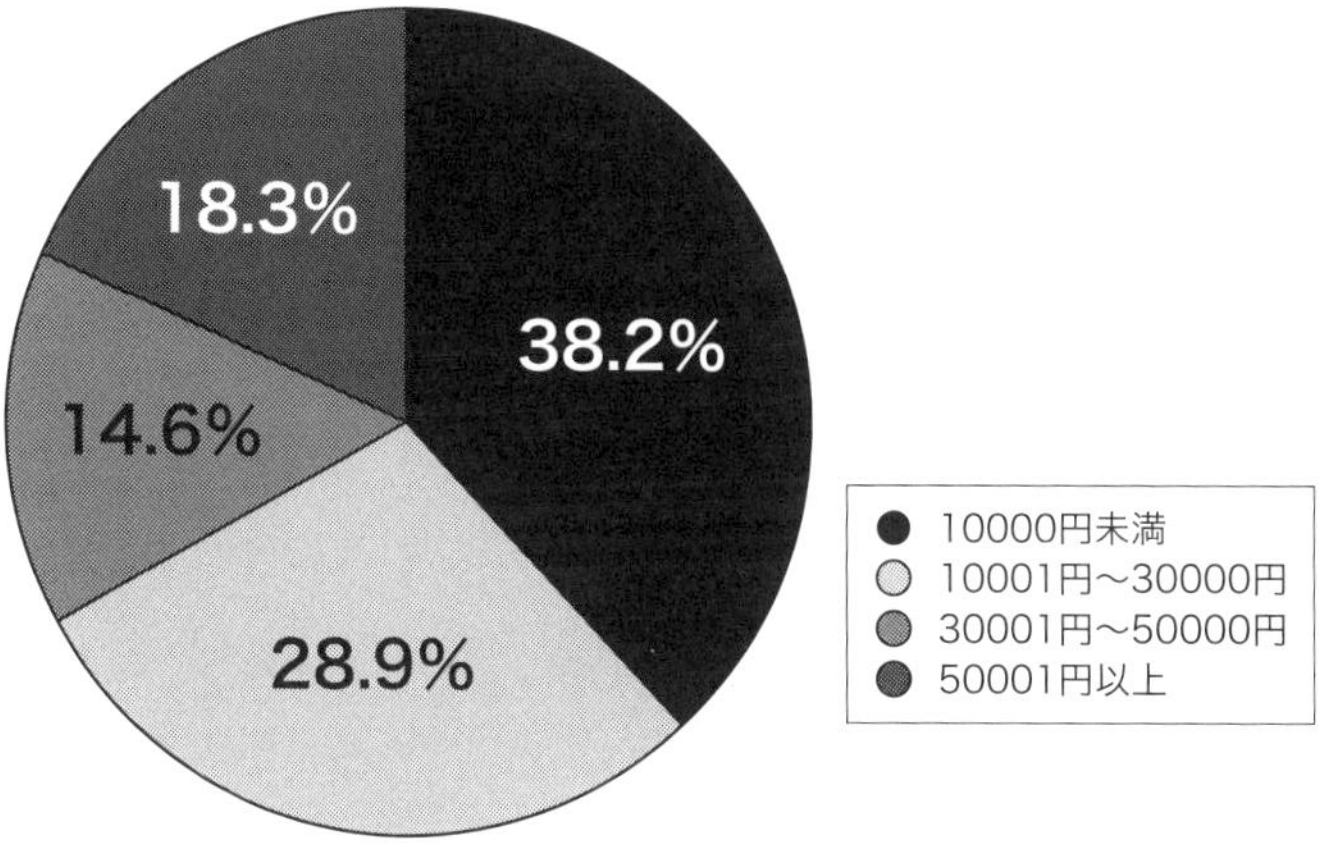

出典：株式会社インターパークによって実施された「インサイドセールスに関する調査」
https://prtimes.jp/main/html/rd/p/000000025.000048404.html

それではコロナ禍の２０２０年６月に株式会社インターパークによって実施された「インサイドセールスに関する調査」における営業経費に関する結果を見てみましょう（上図）。約62パーセントの営業職が、１年間に12万円以上と回答しています。そのうちの約30パーセントが１年間に60万円以上を交通費や宿泊費として使っているという結果となりました。

この数字だけを見ると、たいした金額には感じられないかもしれませんが、これは１人の営業マンが使う金額です。会社全体になると非常に大きなコストとなるのはおわかりいただけるでしょう。

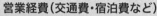

さて、ここまでコストダウンについて述べてきましたが、本書をお読みの皆さんの中には、

「コストなんて自分には関係ない」

と思っている方がいらっしゃるかもしれませんね。

プレイヤーという立場としては、営業経費は自分の成績にも関係ない場合が多いと思うので、あまり意識をしないかもしれません。

しかし、将来を考えると結果を出しつづけたあなたは、プレイヤーからマネージャーへと昇進していくことでしょう。そして順調に出世をすれば、徐々に経営層に近づいていきます。

ひと昔前は、起業というと銀行や身内から多額の借金をして、人生を賭けてチャレンジをするというのが一般的でしたが、今は違います。大きなチャレンジだということに違いはありませんが、無借金でのスモール起業も流行しており、そのハードルは年々低くなっています。

ご自身が会社内で昇進をしたり、起業をして経営者としてやっていく場合、必ず経費を管理する場面に直面することでしょう。
自分の仕事の幅を広げるという意味でも、今から活動経費への意識を高めておいても損はないと思いますよ。

!

1 リモート化することで、時間、経費、体力、気力を大幅に節約できる

2 移動時間が減ることで、これまで移動に費やしていた時間を別のお客さまとの商談に使えるので、チャンスが倍増する

3 自分が使っている営業コストを意識することは、将来の昇進や独立・起業への備えになる

03

リモート営業のほうが提案内容のレベルを上げやすい

アフターコロナ／ウィズコロナ時代に突入して、私が予想していることの1つに、

「従来の営業マンの序列が崩れる」

というものがあります。

対面営業が全盛だったころは、業界によっては接待が上手な営業マンが、トップの座に君臨していたものです。

私は医療業界でドクターを相手に営業をしていた経験がありますが、接待を駆使して結果を出しているトップセールスをたくさん見てきました。

製薬メーカーの営業マンは「ＭＲ（エムアール）」と呼ばれているのですが、知り合いのＭＲに聞いた話によると、その人が勤務する会社では接待の予算が組まれていて、毎月20万円を接待で使わなければいけなかったそうです。

会社側の思惑としては、接待をすれば商品が売れることがわかっているので、ドクターをドンドン飲みに連れて行って、お酒でジャブジャブにすれば結果が出たのです（ある意味、非常にシンプルな戦略を愚直に遂行しただけですが）。

しかし、そんな時代も今や遠い昔のことのように感じます。

接待に頼って売り上げをあげていた営業マンは、変化を強いられることになりますね。

さすがにリモート接待は厳しいでしょうから（笑）。

ちなみに、私自身は基本的に接待はやってきませんでした。理由は単純で、

「別にお客さまと食事に行きたくない」からです（笑）。

私にとっては、お客さまとの間に上下関係はありません。ビジネス上のパートナーであり尊重すべき大事な存在です。お付き合いが長くなると、気の合う方も出てきま

すが、ビジネスの関係と割り切るようにしています。せいぜい大きな案件が決まったあとに、打ち上げ的な意味合いで食事に行く程度でした。

さて、今までトップセールスだった方は、これまでの実績にあぐらをかいていたら足元をすくわれる可能性が出てくるでしょう。

その反面、これまで営業成績で苦戦を強いられてきた方にとっては、大きなチャンスになると思います。

先ほど述べたように、コロナ禍以前の日本におけるリモート営業の導入率は、約11パーセントです。

逆に言えば、営業マンの約90パーセントはリモート営業の初心者になるので、「よーいドン！」という具合に、同時にスタートすることになります。

今の時代に、まったく新しいフィールドで「よーいドン！」ができる機会は大変少なくなってきていると思いますので、大チャンスです。

事前準備をしっかりやれば上位2割の「売れる営業マン」になれる

ところであなたは「2・6・2の法則」をご存じでしょうか？

この法則を1つの会社の営業マンに当てはめると次のようになります。

上位2割の「売れる営業マン」と、その下に位置する「可もなく不可もない営業マン」が6割、さらに下位に位置する「売れない営業マン」が2割という割合に分かれます。

営業マンの人数が変化しても、このバランスが崩れることはありません。

たとえば、下位2割の「売れない営業マン」が全員退職したとしても、しばらくたつと自然と2：6：2の割合に戻ります。このような組織の中では常に入れ替わりのチャンスがあるので、自分の努力次第で上位2割に食い込むことが可能です。

これまでは、なんとなく1日に顧客を数件訪問しただけで仕事をした気になったり、移動時間が長くて身体的に疲れただけなのに「今日も1日がんばった！」と自己満足にひたっているような方がたくさんいました。

しかし、今や気軽に訪問できない時代に突入したので、これからは〝よく考えて〟

営業活動をする必要があります。

〝よく考えて〟を簡単に言いますと、

・資料などを事前に準備しておく

・お客さまとなんの話をするか、あらかじめ考えておく

ということです。

もちろん、どちらもごく当たり前のことです。

しかし、当たり前すぎて、今までなんとなく流れでやっていた方も多いのではないでしょうか？　これからは、1回の商談がより貴重なものになりますので、1つひとつのプロセスをしっかりと意識して臨むべきです。

私の周りにいる営業マンに、リモート営業を実践した感想を聞いてみると、

「事前準備の質が上がったので、提案のレベルも上がった」

と言っている方が数多くいました。

準備の意識を高めるだけで、提案の質にもよい影響を与えられます。

これだけでも、積極的にリモート営業を活用するメリットがありそうですね。

これまで売れていた営業マンにはさらなる高みを目指していただき、苦戦していた営業マンには序列を崩す勢いで、リモート営業を活用していただきたいと思います。


!

1 接待攻勢など、対面営業のときと同じやり方で売り上げを上げるのが難しい時代になりつつある

2 ほとんどの営業マンがリモート営業の初心者なので、これまで苦戦していた人にも逆転のチャンスがある

3 資料作りやトークの内容を考えるなど、事前の準備をきちんとしておくことで、提案のレベルが上がり、売り上げも上がる

04

リモート商談（Web会議システム、電話、メールなど）はお客さまにもメリットがある

ここまで、リモート営業を活用することによって、コストパフォーマンスが上がることや提案のレベルが高くなるなど、営業マン側のメリットをお伝えしてきました。もちろん、営業マン側には大きなメリットがあることを理解したうえで、今まで以上に積極的に取り組んでいただければと思います。

そのほかにも、リモート営業の素晴らしさはたくさんあります。

その1つは、「お客さまにとってもメリットがある」ということです。

従来の対面営業を、お客さまの立場になってイメージしてみましょう。

まず最初に、営業マンからのアポイントメントを受けます。来社されるということなので、会議室を予約する必要があります。

近年、さまざまな社内情報をＷｅｂ上で管理している企業が増えてきました。社内の会議室の予約をＷｅｂ上で行なうことはもはや珍しくありません。

Ｗｅｂ上で会議室予約のページにアクセスをして、空き状況を確認します。使用したい日と時間にチェックを入れます。そのあとシステムによっては、その予約内容を自分宛てにメールを送信すると、スケジュール帳と同期されるようなものもあります。

さて、この予約の作業ですが、もしあなたがお客さまの立場だったとして、ちょっと面倒だとは思いませんか？

Ｗｅｂを使って予約作業をする時間があるならば、その分の時間を商談に当てたほうが効率的ではないかと私は思います。

会議室での商談となると、部屋を掃除する必要がありますし、お茶出しもすることになるでしょう。それらの作業をするのが、お客さま本人ではないとしても、社内の誰かの手をわずらわせるわけです。さらに、このコロナ禍においては、接客後に会議室のテーブルやイスを消毒するという企業もあるでしょう。

このように、会議室の予約から当日の準備＆商談、そして後始末までを考えると、営業マンに来訪されるだけで、けっこうな時間と労力を費やすことになります。

それであれば、リモートで商談したほうが、お客さまにとっては断然ラクではないでしょうか。

営業マンに会うのが苦手なお客さまはけっこう多い

また、お客さまの中には、さまざまなタイプの方がいらっしゃいます。

人見知りなお客さまの中には、元気な営業マンが苦手だという方もいることでしょう。就職活動の際に、あまり人に会わずに済む仕事として、外勤より内勤を選ばれた方もいると思います。

ハッキリ申し上げます。

あなたに直接会いたくないと思っているお客さまは、実はたくさんいらっしゃるのです。

ショックを受けないでください。**営業のビジネスにとって最も重要なことは、〝会う／会わない〟ではなく、お客さまの問題を解決したり、仕事を快適にするサポート**

をすることです。

それに、そもそも簡単な要件であれば、電話で数分話せば済んでしまいます。

お客さまと対面しないと仕事をした気にならなかったり、電話で済ませてしまうことに罪悪感を覚えてしまうという、〝律儀な営業マン〟はまだまだたくさんいると思います。

そのような方は、経験が長ければ長いほど潜在的に「営業の仕事とはこういうものだ！」と決めつけてしまっているのかもしれません。

これらは営業マン側の勝手な思い込みであって、お客さまには関係のない話です。

何よりも、リモート営業を使いこなして成約率が上がれば、あなたが取り扱っている商品やサービスが多くのお客さまの元に届きます。

その商品やサービスは、お客さまの問題を解決したり安心を提供したり、業務を快適にするものなのではありませんか？

粗悪な商品だったりサギまがいのサービスでなければ、必ずお客さまのお役に立てるはずなのです。

そもそも論になりますが、あなたの売り上げがアップすることと、お客さまの満足度はヒモづいているのです（もちろん、「誠意ある営業活動をしていれば」という前提はありますが）。

以上のような理由から、あなたには自信を持って堂々とリモート営業を極めていただきたいと思います。

！

1 営業マンが訪問することで、お客さまは会議室を手配したり、お茶出し、退出後の清掃・消毒など、多くの手間と時間がかかる

2 お客さまの中には、営業マンに訪問されることが苦手という方も一定数、存在する

3 そもそも営業の本来の目的は、よい商品・サービスを提供することで、お客さまの困りごとを解決したり、業務を快適にすること。訪問することは重要ではない

05

リモート営業への切り替えをお客さまに提案する方法

　前項では「リモート営業はお客さまのほうにもメリットがある」とお伝えしました。しかし、お客さまのほうに、それを受け入れる気持ちや体制が整っていなければ、もちろん成立することはありません。

　47ページの円グラフは「営業先・取引先にオンライン営業を拒否されたことはありますか」というアンケートの調査結果です。63・1パーセントの人が「拒否されたことはない」と回答しました。

　この結果は、それなりに高いパーセンテージのように感じますが、調査が行なわれたのは緊急事態宣言の真っただ中の２０２０年４～5月だったため、受け入れられやすかったという事情もあるかと思います。

63・1パーセントものお客さまが受け入れてくれましたが、逆にいうと約37パーセントのお客さまには拒否されたということです。

この調査結果には、提案の内容に関してはふれられていませんでしたが、そこも非常に重要なポイントです。

それでは、拒否した約37パーセントのお客さまにも「イエス」と言っていただけるような提案方法について考えてみます。

まず、新しく何かに取り組む際には、原点回帰をすることが大切です。

営業の原理原則の1つに、「お客さまの立場に立って考える」というものがあります。要するに「顧客視点」ですね。

これはリモート営業／対面営業にかかわらず、コミュニケーションを取る際の基本中の基本です。

ここにヒントが隠されているかもしれません。

ちなみに、私が新人のころ、営業力を高めるためには常に「顧客視点」であるべきだと思い、お客さまとコミュニケーションを取る際には、毎回それを意識して商談に臨んでいました。

営業先、取引先にオンライン商談を拒否されたことはありますか

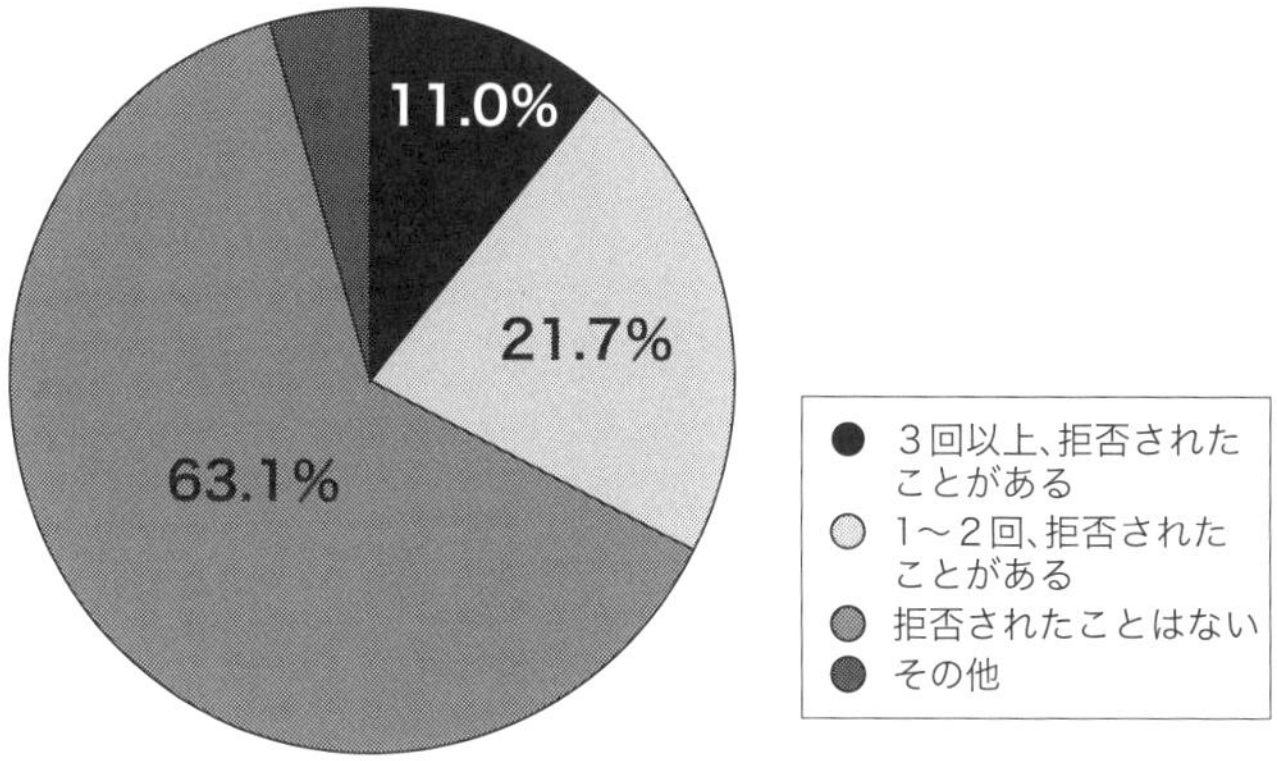

調査方法：インターネットリサーチ　調査時期：2020年4月30日〜5月1日
調査対象：東京、神奈川、埼玉、千葉、大阪、兵庫、福岡の7都府県在住の企業経営者層、営業職1000名

出典：ベルフェイス株式会社が2020年5月18日に発表したプレスリリース「「オンライン商談」に関する実態調査をベルフェイスが実施」 https://corp.bell-face.com/news/2935

たくさん失敗もしましたが、少しずつ自分が思うようなやりとりができるようになってきたので、これを継続して「習慣化」することを目標としました。

私が目指した「習慣化」とは、意識をしなくてもできるようになるということです。

しかし、いつになってもうまくできるようにはなりません。少しでも気を抜くと、「自分目線」になってしまうのです。ちなみに現在も習慣化はできておらず、「一生意識しつづけないといけないのかな？」と思っています（笑）。

「メリット型」と「気づかい型」の2種類の提案方法

さて、リモート営業の提案を拒否されたことがある方は、そのときの状況を思い出してみてください。

あなたの「リモート営業に切り替えたい（そのほうがラクだから）」という気持ちが、前面に出ていませんでしたか？

もしくは、あなたはイマイチ気持ちが乗らなかったけれど、「上司からの指示でイヤイヤ提案をした」ということはありませんか？

その提案は、お客さまに「メリット」を提供できていたでしょうか？

コロナ禍の中であることを考えると、「メリット」に加えて、お客さまに対する「気づかい」も大切ですね。

では「メリット型」と「気づかい型」の2パターンの提案方法の一例を挙げます。

〈「メリット型」提案〉

営業マン「いつも訪問させていただいていますが、コロナの状況もあって、今はリモートシステムを使って面談するのが主流になってきているようです。会議室を予約していただく手間も省けますし、◯◯さんに割いていただく時間も今までよりも短くて済みます。招待メールにあるURLをクリックしていただくだけで大丈夫なので簡単ですよ。よかったら一度試してみませんか？」

お客さま「そうなのですか？　では一度やってみましょうか」

〈「気づかい型」提案〉

営業マン「新型コロナ感染の問題がありますので、私が訪問して万が一御社にご迷惑をかけてしまっては申しわけないです。次回からリモートシステムでお話ししませんか？」

お客さま「そうですね。そんな時代ですね」

この「気づかい型」のトークは、対面営業が好きなお客さまにも有効でした。

えっ!?　なぜ、そのお客さまが「対面営業が好き」だとわかったのかですか？

それはコロナ禍以前に訪問をした際に、電話だけで商談を済ませる営業マンの文句を言っていたからです。

「直接会いに来ることが誠意だよ！」と力強く語っておられました。

そのことがあったので、Ｗｅｂ会議システムでの面談を提案したらどのようなリアクションをとられるか楽しみでしたが、結果的にコロナ禍の空気を読んで、受け入れていただけたのでホッとしています。

あとは、あなた自身が無意識のうちに自分でブレーキをかけてしまっていることも考えられます。

特に対面営業を長年経験されて、「顔を突き合わせて会う」ということに強いこだわりを持ってる方にその傾向があります。

電話やメールでコミュニケーションを取ることを、無意識に失礼だと思い込んでしまっているのです。

そのような方には声を大にして**「Ｗｅｂ商談を提案しても全然失礼ではありませんよ！」**と申し上げたいです。

むしろ、コロナ感染のリスクを回避するという意味合いをこめて、「お客さまに対しての心づかい」を持ってWeb商談を提案すれば、喜んでいただける可能性は高いのです。

コロナ禍を逆手に取るという考え方ですね。

事情があってWeb商談ができないお客さまへの対策

さて、次は提案が拒否される理由について考えてみましょう。

その理由はさまざまだと思いますが、お客さま本人はOKでも環境が整っていないケースもあります。

たとえば「自分専用のパソコン・タブレットを持っていない」「会社のルールでNG」「セキュリティの問題でNG」「電波が弱い」などなど。

「会社のルールでNG」や「セキュリティの問題でNG」の場合はどうにもなりませんので、時が来るのを待ちましょう……ではなくて、Web商談ではなく電話とメールを駆使すれば問題ありません。**電話とメールでも売り上げはアップできます！**

お客さまが「自分のパソコンを持っていない」場合は、あなたの会社の環境にもよりますが、この機会に貸し出し専用のタブレットを会社に用意してもらうという手もあります。そこにあらかじめＷｅｂ会議システムのアプリをインストールしておけば、簡単にＷｅｂ商談を行なうことができます。

タブレットの受け渡しは郵送すればよいのです。多少手間がかかりますが、売り上げがアップすると思えば苦ではなくなりませんか？

さっそく会社と上司に提案してみましょう！

1 リモート営業／対面営業にかかわらず、「お客さまの立場に立って考える」ことが営業の原理原則

2 リモート営業の提案方法には「メリット型」と「気づかい型」の2種類があるので、お客さまのタイプに応じて使い分ける

3 お客さまの都合でＷｅｂ会議システムが利用できない場合は、メールと電話を活用したり、お客さまにタブレットを送るなどの工夫をする

06 すべての営業プロセスをリモート化する必要はない

コロナ禍のもと、多くの企業がリモート営業を取り入れはじめました。客先に訪問できなくなってしまったので、導入を余儀なくされた企業も少なくないと聞きます。しかし、リモート営業を使いこなして、以前よりも大きな成果を出している企業は、どれくらいあるのでしょうか？

この項目では、リモート営業の活用に対する考え方について、お伝えしたいと思います。

まず最初に、テレアポからクロージングまで、すべてのプロセスをリモートで行なうことを〝目指す〟という考え方です。

これに当てはまるのは次のようなケースです。

・規制があって訪問ができない
・訪問はできるが、リモート営業でも完結できそう

訪問営業ができていた時代は過去のものです。もうあの時代は戻って来ないと、頭を切り替えましょう。

ここでのポイントですが、**「コロナ禍が落ち着いたら、以前のように訪問営業ができるようになるだろう」などとは思わないことです。**この先のことは誰にもわかりませんが、**コロナ禍以前の日常に戻るかもしれないという淡い期待が、あなたがリモート営業をマスターして成長するうえでの足かせになります。**

新しい時代に突入したと割り切って、リモート営業の習得と技術向上に没頭していただけたらと思います。

リモート営業は一時しのぎのテクニックではなく、これから先もずっと使える素晴らしいノウハウなのです。

では次のパターンを考えてみましょう。

「訪問はできるが、リモート営業でも完結できそう」という場合ですが、たとえばアポイントメントを取るために電話をかけるとします。

営業マン「株式会社○○の△△と申します。アポイントメントを取らせていただきたいのですが、今度お時間をちょうだいすることは可能でしょうか？」

お客さま「どのようなご用件になりますでしょうか？」

営業マン「○○の件についてお話しさせていただきたいのですが。最近はお忙しいですか？」

お客さま「最近は人手不足でバタバタしてますよ」

ここでの最初のトークには「訪問したい」という言葉は使いません。しかし、おそらく多くのお客さまは「訪問したいのだろうな」と思うことでしょう。

この際には、お客さまの声のトーンや、対応の仕方を注意深く（耳で）観察します。お客さまの対応がよいと感じた場合、次のように持ちかけてみましょう。

営業マン「今度、Ｗｅｂ会議システムでご面談させていただいても、よろしいでしょうか？」
お客さま「問題ないですよ」
営業マン「ありがとうございます。Ｗｅｂ会議システムもいろいろとありますが、今までどこかのシステムを使われたことはございますか？」
お客さま「ああ、いろいろと使ったことがあるから、御社のやりやすいシステムに合わせますよ」
営業マン「そうですか。私の会社ではCisco Webexを導入しているので、それで大丈夫でしょうか？」
お客さま「Cisco Webexは使ったことがあるので大丈夫ですよ」
営業マン「ありがとうございます。それでは後日、招待メールを送らせていただきますね」
お客さま「承知いたしました。お待ちしております」

ここでのポイントは、こちらから一方的に提案をするのではなく、お客さまの環境をヒアリングしながら話を進めるということです。この部分は訪問営業と同様ですね。中にはＷｅｂ会議システムをイヤがるお客さまもいらっしゃると思います。モニターに顔を出すことに抵抗がある方は、シャイな日本人には特に多いです。

その場合は電話でよいと思います。

資料を共有したい場合は、メールや郵送で事前に送っておいて、後日その資料を見ながら電話で商談を行なえばよいのです。

リモート営業に好意的でないお客さまへの対応法

ここで少し話を戻します。

これまでの会話例は、お客さまの対応がよかった場合でした。

しかし、電話での対応があまりよいとは言えないお客さまもいらっしゃると思います。

その場合は、一度訪問をして対面してみるのも1つの手段ですね。そこである程度打ち解けて、「次回からはＷｅｂ面談でもよろしいでしょうか？」と提案してみるのです。

ここでの重要な考え方は、訪問可能なお客さまであっても、まずは最初からＷｅｂ

面談を提案する方向で話を進めるということです。訪問しないで済むのであれば、それに越したことはありません。時間、コストなどを考えてみれば、それが必然的にファーストチョイスになるはずですし、お客さまにとっても大きなメリットがあるからです。

ただし、ムリをしてまでＷｅｂ面談に持っていく必要はありません。お客さまのご都合や、あなたとの関係性を重視しながら慎重に選択をすればよいのですから。

そのような心づかいが、売り上げのアップにつながるはずです。

現時点での営業の手法は、次のようなパターンがあります。

- アポイントメントからクロージングまで完全にリモート
- 訪問とリモートのハイブリッド型
- 完全に訪問営業

先ほど述べたように、まずは完全にリモートで完結させることを狙って、それができるのがベストです。

しかし、さまざまなケースが想定されますので、私個人としては、訪問とリモートのハイブリッド型が主流になっていくのではないかと予想しています。

もちろんリモートの比重のほうが高くはなるでしょうが。

必要以上にリモートにこだわる必要はありません。大切なのは、そのときにベストな判断を下すことです。

!

1 「コロナ禍が落ち着いたら、以前のように訪問営業ができるようになるだろう」などとは思わず、リモート営業の技術を磨こう

2 ひとまず、テレアポからクロージングまで、すべてのプロセスをリモートで行なうことを〝目指す〟

3 これからの営業スタイルは、訪問とリモートのハイブリッド型が主流になっていくことが予想される

07

リモート営業の向き／不向きについて知っておく

リモート営業で最大限の効果を発揮するためには、できるだけ訪問営業と同じレベルに近づけることが大切であるということは、先ほどお伝えしました。

訪問営業で行なっていた行動の大部分は、リモート営業にそのまま置き換えることが可能だと思いますが、残念ながら向いていないケースも存在します。

私が考えるリモート営業に向いていないケースは次の通りです。

・商品の機能やサービスの内容が複雑

・謝罪するとき

まずは「商品の機能やサービスの内容が複雑」である場合から考えてみましょう。
私は以前、半導体業界で技術職に就いていたので、電機メーカーの技術者さんとの面談をシチュエーションとして説明させていただきます。対面営業のシーンを想像してみてください。

回路図を見ながら、「この部分は何ボルトだ」とか、「このスペースに合う商品はこれだ」とか、非常に細かい話を展開します。

複雑な回路図についての打ち合わせは、実際に会って話をしても理解が困難で、時間もかかる作業です。そのような理由から、営業マンは私に同行を求めてきて、営業マンではやりとりが難しい専門的な内容を、私が説明していました。

そのやりとりをリモートではできないこともありませんが、ちょっと不便な部分があるのではないかと思います。

あとは細かい商品のデモンストレーションのときですね。

直接お会いできれば、丁寧な説明ができますが、モニター越しとなると、場合によっては難しいシーンになる可能性もあります。特に困るのは不器用なお客さまです。たとえば、説明会の際に参加者が10人いたとしたら、経験的に1人は不器用な方がいます。そのような方には特にしっかりと覚えていただかないと、あとで「使いづらい」という悪評を広められてしまう恐れがあるので要注意です。

謝罪する前に「本当にこちらのミスか?」を確認する

次に「謝罪する」場合です。

納めた商品に不具合が発生した場合、あなたはどのように対応していますか? 最も重要なことは、できるだけ素早く対応することです。

不具合の報告が入ったのに、それを放置して問題を大きくしてしまった営業マンをたくさん見てきました。

怒られなくてよいものを、わざわざ怒られるようにしてしまうのは、とても残念ですし、お客さまにも迷惑がかかります。

この部分も対面営業と同じで、「何か問題が起きた」もしくは「問題かもしれない」という場合は、とにかくスピード重視で行動しましょう。

1つ例を挙げてみます。お客さまからクレームの電話がかかってきました。

お客さま「御社から購入している○○という商品ですが、うまく接続できないんですけど壊れているんじゃないですか？」

営業マン「そうですか、それでは△△のように取り付けてみていただけませんか？」

お客さま「それもやってみました。あと□□も試してみたけど、ダメだったんですよね」

営業マン「承知いたしました。それでは現品を確認したいので、お引き取りにうかがってもよろしいでしょうか？」

お客さま「今、コロナの影響で業者さんの訪問は禁止なんですよね」

営業マン「それでは大変お手数ですが、郵送していただいてもよろしいでしょうか？」

お客さま「わかりました。送ります」

という感じです。

これは私にとっての大前提ですが、こちらに非があることがハッキリするまでは、絶対に謝りません。

詳しく状況をヒアリングしてみると、商品の不具合ではなくお客さまの使い方が悪かったなどということも多いです。

とりあえずその場を収めようとして、すぐに謝る人がいますが、なんだか安っぽい気がしてしまうのは私だけでしょうか？

あと、「すみません」が口グセになっている人も頼りなく感じます。

日本語は便利なモノで、「ごめんなさい」と「ありがとう」というまったく意味の異なる2つの言葉が、「すみません」というワードに変換されて、多用されているケースが見受けられます。

私は「すみません」という言葉に「心」を感じないので、できるだけ使わないように気をつけています。

お客さまから信頼されている営業マンは、ペコペコせずに堂々とした立ち振る舞いをしています。

不具合への対応には順番がある

話を戻しましょう。

不具合への対応の際には、まずはそのときに考えられる原因を、口頭で説明します。

それで解決しなかった場合、現物の確認を試みます。

先ほどの例では、すぐに引き取りに行くことを提案しましたが、お客さまと信頼関係ができている場合は、最初から「送ってください」でもよいでしょう。

私の場合は、引き取りに行くのは面倒なので、送っていただくようにしています。

そして、現物を確認した結果、完全に不具合だったことが実証されたら、社会人として謝らなければいけません。

謝罪シーンは次のような感じです。

営業マン「先日お送りいただいた商品ですが、こちらで解析した結果、製造不良であることがわかりました。大変申しわけございません」
お客さま「そうですか」
営業マン「製造過程において、○○が原因だと考えられます。不具合報告書もご用意させていただきましたので、一度直接お伺いして謝罪と原因のご説明させていただきたいのですが、いかがでしょうか？」

お客さま「先日も言いましたが、今は業者の方の訪問は受けつけていないので、報告書を送ってくれればいいです」

ここでのポイントは、次の2つです。

・謝罪の言葉を伝える
・「直接うかがって謝罪したい、原因説明をしたい」と申し出る

まずは、謝りたくなくても、こちらに非がある場合は、しっかり謝罪をするべきですね。

そして、「おうかがいして直接、謝罪し、不具合の原因の説明をしたい」と申し出ます。この申し出には誠意をこめましょう。

本来、ベストな対応は、しっかり顔を突き合わせて、相手の目を見て心から謝ることです。リモートではそれができないので、謝罪の気持ちの伝わり方が浅くなります。

謝罪の伝え方は、

電話＜Ｗｅｂ会議システム＜対面

この順番で深くなっていきます。対面しにくい現在の状況でベストなのは、Ｗｅｂ会議システムを通じた謝罪です。

お客さまと接触する回数を増やして好感度アップ

次は、向いていているケースに移りたいと思います。

向いているのは、次の３つです。

・関係構築
・情報提供
・情報収集

これら以外にも多々あると思いますが、ここではこの3つに絞らせていただきました。これらは、対面営業とほぼ変わらずにできることです。

「関係構築」についてですが、私が営業マンの指導をする際には「ザイアンス効果（単純接触効果）」を用いて説明することが多いです。

「ザイアンス効果」とは、アメリカの心理学者ロバート・ザイアンスが論文「Zajonc」の中で発表した〝何度も繰り返し接触をすることで、好感度や評価が高まる〟心理効果のことです。

何度も足を運ぶことでお客さまの警戒心を解いて、好感度をアップさせることができます。とても古典的な手法ですが、効果は大変高いです。

この接触頻度を高める法則ですが、リモート営業でもまったく同じような効果が期待できます。

Ｗｅｂ会議システムを使った商談では、その効果は対面のときと変わらないでしょう。電話では、顔が見えないという最大のデメリットがありますので、Ｗｅｂ会議システムより効果が落ちそうですが、同じような活用方法で十分効果が期待できます。メールでも効果はあります。メリットの1つは〝忘れられない〟ことですね。あと、活字でのやり取りになるので、営業マンの名前を漢字で覚えてもらいやすいという、メールならではのメリットもあります。

ただ、メールの場合、長文を送る際には注意が必要です。長文メールは解釈の違いでこじれるケースが考えられます。メールでお客さまとラリーをするときは、あまり長文にならないように気をつけましょう。

次に「情報提供」ですが、これについてはすでに実践されている方も多いのではないでしょうか？

現在では、ＩＴを使って仕事をすることが当たり前になっていますから、電子化された資料をメールで送るなんてことは難しくないですよね。

Ｗｅｂ会議システムでは、メールと電話の特徴を合わせたような活用方法になります。リモートで顔を突き合わせて、シェアした資料を見ながら商談をするという形です。このスタイルが、これからもっと普及していく可能性が高いと思います。

最後に「情報収集」ですが、こちらはリモートスキルというより、リアルと同様に営業のコミュニケーションスキルが必要とされるので、そちらを磨いてから、そのままリモート営業に活かせばよいでしょう。

1 「商品の機能やサービスの内容が複雑」だったり、「謝罪するとき」は、リモートよりもリアルでお客さまと会うほうがよい

2 お客さまからクレームがあったら、すぐに謝罪をしてしまうのではなく、まず原因を突き止めてから対応する

3 リモート営業においても、お客さまと接触する回数を増やすことで、好感度を上げることができる

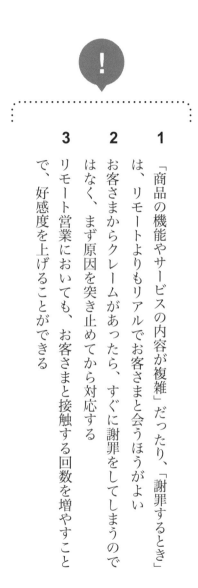

第2章

アポイントメント設定から初回の商談までの流れ

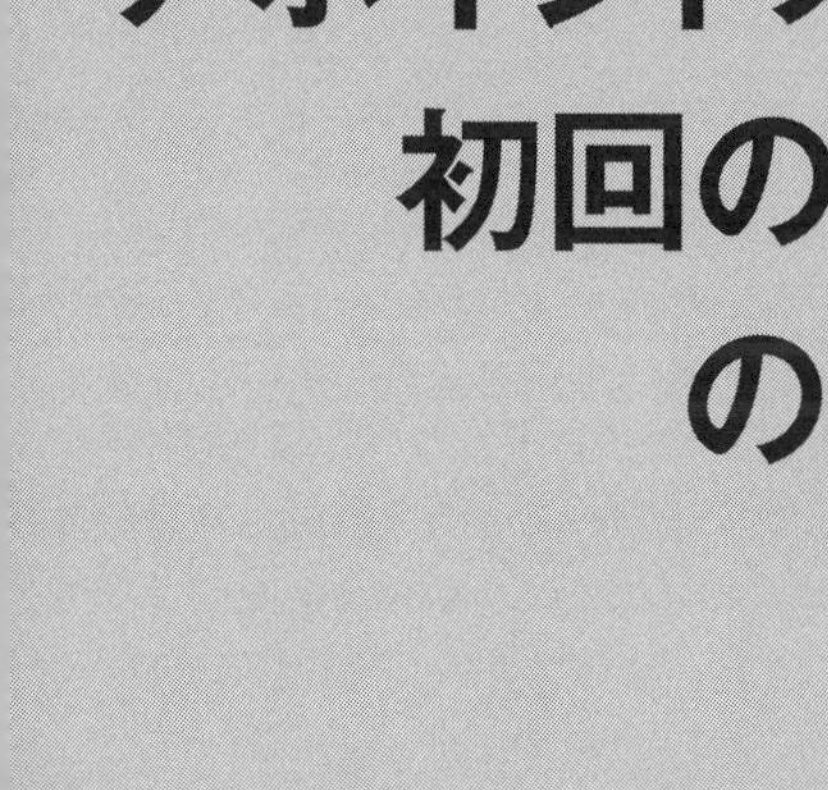

01

ファーストコンタクトでアポイントメントを取るコツ

第1章でお伝えしたように、リモート営業を駆使すればファーストコンタクトからクロージングまですべてのプロセスを、1人で行なうことが可能です。

まずはファーストコンタクトについてですが、訪問営業であれば業種によってはアポなしでの飛び込み営業という形もあると思います。

しかし、最初からリモート営業で進める場合は少し違ってきます。

具体的な話に入る前にリード（見込み客リスト）の使い方について、考えてみましょう。

リードは営業マンが自分で作成する場合もあれば、会社が用意してくれるところもあったりとさまざまです。

そして、どのようなケースであっても、リードの中に優先順位をつけるはずです。

多くの場合、「案件の大きなトップターゲットから着手しろ」と言われるのではないでしょうか。

これは「パレートの法則」を参考にして戦略が立てられているからだと思います。「パレートの法則」とは、イタリアの経済学者ヴィルフレド・パレートが発見した法則で、「2：8の法則」とも呼ばれています。上位2割にあたる優良顧客の売り上げが、全体の売り上げの8割を占めるということです。

すべての顧客を平等に扱うのではなく、2割の優良顧客を優先することで8割の売り上げを確保できて、高い費用対効果を追求できるというものです。

あなたの会社や上司は、この法則に基づいて、優良顧客に注力するように指示を出しているはずです。

その考え方に異論はないのですが、新たに考えた営業トークを試すような場合は、上位2割の優良見込み客からスタートするというのは、リスクが大きいのではないでしょうか。

まずは失敗してもリスクの低い下位8割の見込み客で、実験してみるべきだと思います。

いきなり上位2割に挑むのは、ドラゴンクエストでいえば「こんぼう」でラスボスに向かっていくようなものです。勝てるわけがありませんよね。

勝つためには武器を磨いて「聖剣エクスカリバー」（なんか強そう）のようなもので挑むべきなのです！

そのような理由から、まずはたくさん実験をして、たくさん失敗をしましょう。

そして少しずつ精度を高めながら、本命のターゲットに臨むことを推奨します。

テレアポは事前にDMかFAXを送ると効果的

さて、改めてリモート営業のツールを確認してみましょう。

・Web会議システム
・電話
・メール

この3つがメインになります。

新規開拓というシチュエーションで考えると、いきなり初回からWeb会議システムでお客さまにコンタクトを取るというのは困難ですから、除外します。

次に電話ですね。

これは俗にいうテレアポという形になりますが、新規開拓のファーストコンタクトはテレアポがベストでしょう。

理想を言えば、電話でファーストコンタクトを取る際にその電話口で話を進めることができて、クロージングも完了し、さらに購入まで持っていければ最高ですね。

しかし、それはかなり高度なテクニックが必要ですから、現実的に考えると電話でアポイントメントを取ってから、次回はWeb会議システムでの商談につなげるのがよいでしょう。

テレアポの際には、スクリプト（台本）を事前に作成することは必須です。

しかし、スクリプトがなくてもうまくいく（可能性がある）方法もあります。

名づけて、

「下手な鉄砲も数撃ちゃ当たる大作戦」

です（笑）。

この作戦は、とにかく電話をかけまくって、「○○にご興味はございませんか？」と言いまくるのです。

かなり高い確率で「興味ありません」という答えが返ってきますが、ごくたまに「イエス」をいただけることがあります。

可能性はゼロではないのですが、確率が低すぎますし、こんなことを続けているとメンタルがやられてしまう恐れがあるので、絶対にやらないようにしてください。

スクリプトを作成する際には、

「ご興味はございませんか？」

というフレーズは使用禁止にすることをおすすめします。

その理由は単純で、お客さまが「興味があるわけがない」からです。

これは訪問営業でも同じことです。

お客さまの購買意欲が上がったことを確認したあとで言うのはＯＫですが、冒頭に商品説明をしたあとでいきなり言ってしまうと、かなりの高確率で「ノー！」となるでしょう。

特にテレアポは、無策で臨んでしまうとスクリプトを作成してあったとしても、成果率が１パーセント未満という調査結果があるほど難しいのです。

では、その確率を上げるための方法をお伝えします。

その１つは、

「事前にダイレクトメール（以下ＤＭ）を送る」

ことです。

古典的な手法ですが、効果が見込めます。

または見込み客のメールアドレスがわかれば、事前にメールを送るのもアリです。

FAXでも同等の効果が期待できます。

DMで一番ネックになるのは、送料と配送する手間がかかることですかね。

さて、テレアポの初心者が一番ハードルを高く感じるのは、トークの冒頭のようです。

営業マン「もしもし私○○株式会社の△△と申します。少々お時間をちょうだいしたいのですが、よろしいでしょうか？」
見込み客「どのようなご用件でしょうか？」
営業マン「弊社は□□という商品を取り扱っております。この商品を使うと◇◇というメリットがございます」
見込み客「……はい、そうですか……」
営業マン「……ご興味はございませんでしょうか？」
見込み客「間に合っておりますのでけっこうです」

見込み客のリアクションを確認しないで商品のメリットを伝えても、このように惨敗するだけです。リアクションがないので、沈黙という空気感に耐え切れずに「ご興味はありませんか？」というクロージング的なフレーズを早々に使ってしまうのです。

こちらの都合でいきなり電話をしているので、冒頭で「なぜ電話をかけたのか？」という説明をしないと、お客さまは不安になります。

何が目的だかわからない電話に付き合うのは、誰でもイヤですよね。

そのような理由から、電話をかけたことの大義名分を事前に用意しておいたほうがよいでしょう。

ＤＭやメール、ＦＡＸを事前に送っておけば、電話の冒頭から次のように入っていけます。

営業マン「もしもし私○○株式会社の△△と申します。先日、ＤＭを送らせていただいたのですが、読んでいただけましたでしょうか？」

テレアポはもちろん営業トークで相手のリアクションを引き出したい場合は、簡単な「質問形式」を使うと効果的です。

私の営業トークは、基本的に質問を中心に構成されています。

質問をすると、お客さまは答えるのがイヤだと思っていたとしても、何かしら言ってくれるので話が続きますよね。

その次の質問をして、話を継続させながら情報を引き出せれば、自然な流れが作れます。

ポイントは「売り込みの匂いを感じさせない」こと

話をDMを送るところまで戻します。

DMの内容ですが、ゴチャゴチャさせないで、可能な限りシンプルなほうがよいでしょう。資料を作るときは、たくさんの情報を詰め込みたくなるものです。しかし、売り込み感満載の商品PRを「これでもか！」と載せたDMをパッと見ただけでお腹がいっぱいになり、一気にゴミ箱行きとなってしまう可能性が高いと思います。DMも顧客視点を持って作成しましょう。そして資料の枚数は1枚がベストです。何枚も入れると読んでもらえる確率が下がります。

そして、極論になりますが、最悪、読んでもらえなくても大丈夫です（笑）。

確かに送ったという事実さえあれば十分です。
その事実があれば、「DMを読んでいただけましたか？」と言えますから。
この質問をしたいがためのDMなのです。
むしろ「読んでくれていたらラッキー！」くらいの気持ちでいればよいでしょう。

ですから、そのあとのトークは次の2つのパターンを用意しておきましょう。

- **読んでいないバージョン**
- **読んでいたバージョン**

ポイントとなるのは、DMを使って「冒頭のハードルを越える」ことです。
それと「メンタルの維持」です。
テレアポは話の歯車が少しでも狂うと自分のメンタルがやられはじめます。
ですからメンタルをやられないような流れを作ることは必須となります。
あとは、この電話の導入部分で最も気をつけたいことは、見込み客に

「売り込みの匂いを感じさせない」

ということです。重要なことですので、電話中は常に意識をしておいてください。

そして、リードの質も大変重要です。

この内容がよければよいほど、そのあとのビジネスが展開しやすくなります。

見込み客はあなたと同じ業界にいて、あなたが売っている商品を使えば問題が解決したり、仕事がラクになるという方です。

共通項がたくさんあるので、話を進めやすくなります。

ＤＭが面倒な人はアンケート調査のふりをしよう

次はＤＭを送るのが面倒な営業マン向けのやり方を紹介します。

アンケート（またはインタビュー）調査風に入っていく手法です。

それではシチュエーションを設定して、説明します。

あなたは半導体の自動セッティング機器を製造販売しているメーカーの営業マンだっ

たとします。

見込み客は、半導体の部品を基板へのセッティング作業をしている製造工場になります。

業界では工場勤務の人が、手動で部品を基板にセットしているのが主流です。

そこへあなたが自動セッティング機器を販売するというシーンです。

それではやってみましょう！

営業マン「もしもし○○株式会社の△△と申します。今弊社ではお客さまを対象としたアンケート調査を行なっているのですが、簡単な質問をいくつかさせていただいてもよろしいでしょうか？　少しだけお時間をいただければと思いまして」
見込み客「どのようなアンケートですか？」

電話の導入部分は、以上のような感じです。

先ほども申し上げましたが、重要なのでもう一度申し上げます。

ここでの一番のポイントは、

「売り込みの匂いを感じさせないこと」

になります。

ハッキリ言います。見込み客は営業電話が嫌いです。知らない人からモノを勧められたり、買うのも大嫌いです。人は自分が買うモノは、自分で決めたいのです。

ですからあなたは、営業電話をかけるという意識ではなく、

「アンケート調査をしているだけですよ」

という気持ちで臨むことが大切です。

見込み客が答えやすいように質問しよう

さて、次は具体的に質問を考えてみましょう。

本書におけるテレアポのゴール設定は、Ｗｅｂ商談に持ち込むことです。

そうであれば最後のセリフに、

「それであればお役に立てそうです！」


というようなことを言いたいです。

そのようになる流れを作っていきましょう。

先ほど、「売り込みの匂いを感じさせない」ことがポイントであると申し上げましたが、そのためには直接的な質問ではなく、一般的な質問をするのがよいでしょう。

ですから、

「お困りのことはありませんか？」

というように「意見を聞くことはＮＧ」です。

今、見込み客が置かれている状況に関する質問であれば、気軽に答えてくれること
でしょう。

営業マン「現在オペレーターをされている方は、何人くらいいらっしゃいますか？
ザックリでかまわないのですが」
見込み客「そうですね。シフトにもよりますが、だいたい常時10人くらいですかね」
営業マン「ありがとうございます。10人くらいですね。残業とかはあまりされていませんか？」
見込み客「いや、けっこう忙しいので、毎日多少は残業していますね」
営業マン「ありがとうございます。平均的な残業時間はどれくらいですか？」
見込み客「1～2時間ですね」
営業マン「ありがとうございます。1～2時間ですね。差し支えなければでかまわないのですが、不具合などは月に何件くらいありますでしょうか？」
見込み客「そうですね。2～3件は出てますかね」
営業マン「ありがとうございます。2～3件ですね。質問は以上になります。ありが

とうございました。ところで、以前、御社と似たような状況のお客さまがほかにもいらっしゃいました。お役に立てそうですね（独り言っぽく）」

見込み客「そうですか」

営業マン「御社と同じような環境のお客さまで、固定費が削減できて業績が回復したところがあるんですよ」

見込み客「そうですか」

営業マン「お役に立てると思うのですが、改めてアポイントメントを取らせていただいてもよろしいですか？　短い時間でかまいませんので」

見込み客「はい、いいですよ」

営業マン「コロナの状況もあるので、御社におうかがいするとご迷惑かと思います。最近流行りのＷｅｂ面談ではいかがですか？」

見込み客「Ｗｅｂ面談？　やったことないんですけど」

営業マン「やり方は簡単ですよ（以下略）」

このような流れです。

ポイントをご説明します。

「相手の立場に立って考えること」は毎回の大前提なので、見込み客が答えやすく質問をする「気づかい」が大切ですね。

今回、オペレーターの人数を聞く際、最後に「〜ザックリでかまわないのですが」と付け加えました。これはほかの聞き方にして、

「おおよその人数で大丈夫です」

などでもOKです。正確な人数を知る必要はありませんので「気づかい」に加えて、早く答えてもらうための一言でもあります。

次は質問に答えていただいたあとに毎回、

「ありがとうございます」

と、お礼を言うことです。

大事な時間を割いていただいていますので、感謝の気持ちを伝えることで、次の質問にも気持ちよく答えてもらえる可能性がアップします。

次のポイントです。

答えていただいた回答をメモしながら言葉に出して繰り返す。

この電話はアンケートを取るのが目的ではありませんよね？

極端な話、内容はスルーしてもよいのです。

しかし、実際にメモを取りながら言葉にすることで、アンケートを取っている感じが演出できます。相手も2問目ぐらいになってくると、アンケートに答えている雰囲気に呑まれてきます。

ですから、よりリアルな流れを作るために有効な行為なのです。

そして終盤の、

「お役に立てそうですね（独り言っぽく）」

ですね。これは、そのまま独り言っぽくボソッとつぶやくのがコツです。

相手が優しそうな人だった場合は、

「お役に立てそうだな〜（独り言っぽく）」

という感じでもかまいません。独り言なのでタメ口交じりでも大丈夫です。

この一言で「やや強引」のスイッチを入れます。

テレアポのクロージングを開始するのです。

そして最後のセリフです。

「改めてアポイントメントを取らせていただいてもよろしいでしょうか？　短い時間でかまいませんので」

このセリフも気持ちを強く持って「やや強引」な感じでプッシュします。

もちろん相手を不快な気持ちにさせない程度です。

テレアポは自分との戦いの要素が大きいので、「失敗しても関係あるか！」というくらいの開き直った気持ちで挑んだほうが、成功する確率が高くなるでしょう。

チームに所属していたり、仲間が身近にいる環境であるならば、ほかのメンバーと情報交換しながら取り組むと、メンタル的にもテクニック的にも成果が加速するのではないでしょうか。

!

1 リモート営業への誘導を狙った営業トークを考えついたら、まずはリスクの低い下位8割の見込み客でいろいろ試してみよう

2 いきなりテレアポをするのではなく、事前にDMやFAXを送っておき、それをネタに話ができるようにしておく

3 見込み客が置かれている状況に関する質問を重ね、警戒感を解いたうえで、アポイントメントを申し込む

02

タイムマネジメントは事前にしっかり決めておく

無事にアポイントメントが取れて、1回目のWeb商談という流れを作ることができました。

営業の進め方はいろいろですが、次のような形が一般的になるでしょう。

01 自己紹介／名刺交換／アイスブレイクなどの簡単なオープニングトーク
02 会社／商品案内
03 ヒアリング
04 サービス提案／情報提供
05 クロージング

右の01〜05について、BtoC（個人営業）などの小型案件の場合は、1回の商談で決まることも多いでしょう。

BtoB（法人営業）の場合も即決は可能だとは思いますが、現実的にはBtoBの大型案件のような場合は、相手先の社内決裁が必要になるので、1回で決まるというケースは相当レアです。

何度かに分ける必要があります。

それでは例を挙げて、「01　自己紹介／名刺交換／アイスブレイクなどの簡単なオープニングトーク」から見ていきましょう。

営業マン「本日はお忙しいところお時間をいただきまして、ありがとうございます。改めまして○○株式会社の△△です。よろしくお願いいたします」

見込み客「株式会社◇◇の●●と申します。よろしくお願いいたします」

営業マン「Ｗｅｂ会議システムを使っての面談は、初めてなのですか？」

見込み客「そうなんです。先日、流行っているとおっしゃっていましたが、そうなのですか？」

営業マン「はい。コロナの影響もあってご訪問できない会社さんが多くなっています。そのような中でＷｅｂ会議システムを使用しての面談が増えてきました。実際の名刺交換ができなくて残念ですが、こちらのＱＲコードを読み込んでいただけると、私の名刺が表示されるようになっています」
見込み客「（スマホで読み込んで）これは面白いですね」
営業マン「ありがとうございます。●●さんの名刺も私のほうで確認させていただきました。今後ともよろしくお願いいたします」

基本的に、この部分にはあまり時間をかけないようにしてサクッと終わらせましょう。

ちなみに、私自身は対面営業の際には、ほとんどアイスブレイクはしません。

しかし、Ｗｅｂ商談においては、相手の表情が読めなかったり、空気が重たく感じた場合など、いきなり本題に入らないほうがよいと判断したときには、１つだけ簡単な質問を入れる程度のアイスブレイクをします。

とにかく短時間で終わるように気をつけています。

次に名刺交換ですが、先ほどのやり取りでは、有名な名刺交換アプリ「Eight（エイト）」

見込み客がスマホを持っていない場合は(法人営業で事務方の担当者さんは持っていない場合も多い)、下のように名刺をスキャンしておいて画面に映して自己紹介をするのもよいでしょう

を使いました。

自分の名刺をスマホで読み込むと、名刺にQRコードがついたバーチャル背景が作成されます。それを使用したイメージが前ページの上図です。

リモート営業時代には、Web上での名刺交換が当たり前になってきます。

Eightに限らずさまざまな便利なソフトがあるので、ご自分の使いやすいものをチョイスしてください。

一方的な商品説明では相手に伝わらない

さて次は「02　会社/商品案内」に入りたいところですが、通常は「会社案内」を抜きにして、「商品案内」から「03　ヒアリング」「04　サービス提案」までが話の流れで一気に進むケースが多いように思います。

それを踏まえたうえで話を進めます。

私は普段、「会社案内」に関してはあまりふれないようにしています。

会社がいつ創業したとか、従業員の数なども伝えるようなマニュアル的な指導をしている企業もあるようですが、私は特に伝えません。もちろん、見込み客が知りたがっているのであれば別ですが。

昨今のビジネスシーンでは、スピードを求められるケースが少なくありません。時間のないお客さまとスムーズにやりとりをするためには、不要だと思われる情報はできるだけカットするべきでしょう。

もちろん商品の特長はお伝えしたほうがよいですね。

さて、前項のテレアポの解説のところで「お役に立てそうです」と言いました。匂わせっぱなしの状態なので、これからそのタネ明かしをしていきますが、それと同時に、商品を話題にあげた際にありがちなパターンについても見ていきます。

営業マン「先日のお電話で、私の取り扱う商品が御社のお役に立てそうだと申しましたので、ご説明させていただきます」

見込み客「はい。お願いします」

営業マン「私が取り扱っている◎◎という商品は、半導体部品のセッティング機器になります。人の手を使わずに自動で24時間作業してくれるという商品です。この商品を使うことで「人件費が浮く」「残業代がかからない」「ヒューマンエラーがなくなる」「24時間稼働してくれる」「休憩時間がいらない。文句を言わない」など、多くのメリットがございます。きっと御社の業務効率の向上のお役に立てると思います」

見込み客「はい……」

テレアポのところでも解説しましたが、このパターンにおちいるケースが非常に多いので、再度指摘させていただきます。

営業マンは一生懸命に商品を説明しましたが、見込み客の反応はイマイチですね。これは非常によくある光景で、この流れで話を進めても成約できる可能性は高くありません。

このやりとりに関しては、リモート営業にかかわらず対面営業においても同様です。

一番の原因は「顧客目線」ではなく「自分目線」で話を進めてしまったことにあります。商品の説明をするチャンスにまでこぎ着けたので、テンションが上がってしまったのかもしれませんね。

商品説明を中心に話を進めると、相手はリアクションをしてくれないので、どのように思っているのかがまったくわかりません。

上手に話を進めるためには、相手がどのように考えているのかを把握しながら、それに応じて、そのときのベストな対応をするべきです。

しかし、「説明先行型」で会話を進めると、相手の返事は「はい」か「そうですね」といったものが多くなり、会話の形式上とりあえず反応の意思を示しているという感じになります。

質問を繰り返し、相手の反応を確認しながら話を進めよう

これまで私は多くの営業マンとかかわってきましたが、「説明先行型」で相手のリアクションを無視したまま話を続ける人が非常に多いです。

では、どのように話を展開するとよいのでしょうか？

別のパターンを挙げてみます。

営業マン「先日のお電話で、私の取り扱う商品が御社のお役に立てると申し上げましたが、覚えていらっしゃいますか？」
見込み客「はい。おっしゃっていましたよね」
営業マン「その商品の話を少しさせていただいてもよろしいですか？」
見込み客「はい。お願いします」
営業マン「ありがとうございます。その商品は自動で半導体部品を基板にセッティングしてくれるというモノです。24時間連続で稼働します。夜間も休みなく作業をしてくれると、だいぶ楽になると思いませんか？」
見込み客「そうですね。人の代わりに24時間働いてくれれば、かなり作業が進みそうですね」
営業マン「はい。スピードは▲▲くらいです。これだと何人分くらいの仕事ができそうですか？」
見込み客「それだと3人分くらいの仕事量ですかね」

営業マン「しかもヒューマンエラーもありませんよ！」
見込み客「それはすごく効率が上がりそうですね」

いかがでしたでしょうか？

このように「質問形式」で話を進めていくと、相手のリアクションを把握しながら会話を進められます。

相手からたびたびリアクションを引き出すことで、こちらからの一方通行の説明ではなく、「やりとり」が成立します。

このフェーズでは、相手に当事者意識を持たせることが重要なのです。

質問をしながら商談を進める手法に関して、詳細に書かれている書籍をご紹介させていただきます。

『大型商談を成約に導く「ＳＰＩＮ」営業術』（ニール・ラッカム、海と月社、２００９年）です。

この書籍は、私の営業手法と似ていると知人に指摘されたので読んでみたところ、細部までソックリでした。本書の読者さまにも、ぜひ手に取っていただければと思います。

1 今はスピードが重視される時代なので、アイスブレイクや会社案内など本題と関係ないことはなるべく省略する

2 一方的な商品説明をいくら一生懸命しても、相手には伝わらず、成約にいたる可能性は低い

3 質問形式で話を進めて、相手からリアクションを引き出すことで、相手に当事者意識を持ってもらう

第3章

2回目以降の商談をどう進めるか？

01 商談のペースはどれくらいに設定するべき？

第2章ではアポイントメントの取り方から、初回訪問という案件を進めるための最初のハードルの越え方についてお伝えしました。

この章からは、2回目の商談について考えていきましょう。

1回目の商談のあと、どれくらいの期間を空けて2回目のアポイントメントを取るのが正解なのでしょうか？

これについては、リモート営業も訪問営業とさほど変わらないと思っていただいてかまいません。

そしてその正解ですが、「あなたが属する業界の商慣習や、あなたと見込み客の関係性もあるので、ケースバイケースです」という身もフタもない回答だと意味がないので、大型案件に取り組む場合に確率の高い方法をお伝えします。

営業にかかわらず、他者との関係性において相手にイヤがられることを避けるのは当然です。

それを念頭に置いて考えると、短期間のうちにしつこく何回もアプローチをすると、嫌われてしまう恐れがあります。

では、それとは逆に1回目の商談から何カ月も間を空けてしまうと、その案件のことを忘れられてしまう可能性が高いでしょう。

そのように考えると、しつこいと思われないように、それでいて忘れられないようなちょうどいい期間がベストです。

その期間とは、

「1週間に1回」

くらいです。

先ほども申し上げたように、環境やタイミングによって当然さまざまなケースがあると思います。この回数は一般的なBtoB営業の大型案件の場合であると捉えてください。

そしてそれは、さまざまな業界のトップセールスへのヒアリングと、私の実体験から導き出した結論です。

商談から3～4日後に次のアポイントメントを取る

アポイントメントを取るタイミングですが、商談から3～4日ほど空けるとよいでしょう。

商談をした次の日に次回のアポイントメントの電話をかけると、見込み客としては「昨日言えよ」という気持ちになるかもしれません。

相手の心情を考えると3～4日後がよいと思います。

週1回だと、土日をはさみますし、たとえば「今週は月曜日に商談して、次回は来週の金曜日」だったりすると、見込み客としては実際よりも期間が空いたと感じるようです。
アポイントメントの取り方は、電話でもメールでもかまいませんが、メールの場合、返信がないと読んでくれているのかどうかがわかりません。その間、ヤキモキしますし、時間がもったいないので、さっさと予定を組んでしまいたいという方は電話をかけたほうがよいでしょう。

2回目のアポイントメントを取りやすくするためには、1回目の商談の締めの言葉で、

「またアポイントメントのご連絡をさせていただきます」

というように、「もう一度連絡をしますよ！」ということを明確に伝えておくことが重要です。

そして、2回目のアポイントメントが取れたら、

「2回目も時間を割いてくれるのだから、先方はまんざらでもないのだろう」

という風にポジティブに考えて案件を進めていきましょう。

私は、「ビジネスはマインドセットが9割である」と考えています。戦略はそのあとです。ポジティブシンキングで、成功するイメージを持ちながら商談を行なうことができれば、うまくいく確率は大きくアップすることでしょう。

!

1 お客さまとお会いするペースは「1週間に1回」がベスト。あまり頻繁に会おうとすると、かえって嫌われてしまう恐れがある

2 次のアポイントメントを取るときは、翌日ではなく、3～4日空ける。連絡方法はメール、電話のいずれでもOK

3 商談を終了するときに「もう一度連絡をしますよ!」ときちんと伝える

02

リモート営業でも有効な関係構築術

対面営業にこだわりの強いベテランの営業マンの方が、リモート営業に否定的な見解を示す理由に、

「（実際に会わないと）顧客との関係構築ができない」

というものがあります。

関係構築ができないと売り上げのアップを見込めないということなのですが、これは果たして本当でしょうか？

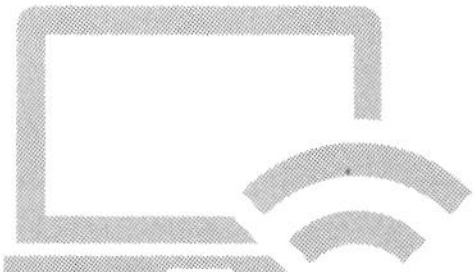

メディアの世界で広く取り入れられている「セブンヒッツ理論」というものがあります。

これは、「同じテレビCMを7回観ると、店頭で消費者がその商品を見つけたときに手に取る確率が上がる」という理論です。

少し掘り下げてご説明しましょう。

まず「CMを3回観るとその商品が認知され、7回観ると購入率が上がる」といわれています（次ページ図）。

テレビCMを流すには、何千万円もの大金を投入する必要があります。

それでもスポンサーがCMに投資をするということは、それに見合ったリターンがあるからにほかなりません。

このセブンヒッツ理論ですが、もちろん営業の世界でも応用されています。

それに加えて、先ほど説明したザイアンス効果の特徴である「何度も繰り返し接触することによって少しずつよい印象を抱くようになる」という心理効果を掛け合わせます。

ザイアンス効果の「接触頻度」をベースとして、セブンヒッツ理論の具体的な「接

接触回数と好感度の関係

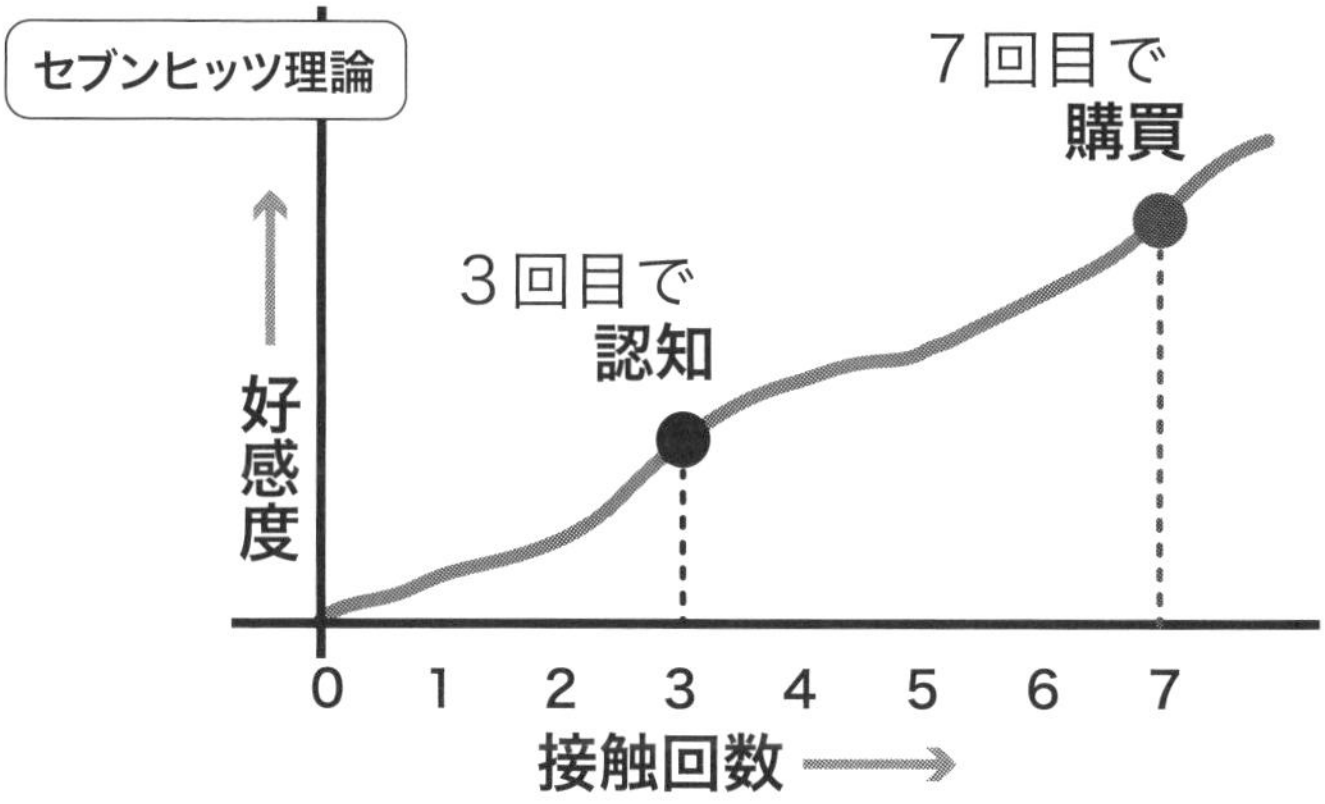

出典：日刊サイコロジー「「ザイオンスの法則」を信じて成功をつかんだ人は無数にいる」(http://psychologia2.blog.fc2.com/blog-entry-15.html)

触回数」を行動戦略に組み込めば、顧客との関係構築に間違いなくつながるのです。

さて、話をCMに戻します。

テレビCMを流すには膨大なコストがかかりますが、今やネット社会ですからさまざまな媒体を、無料もしくは低コストで利用することが可能です。

無料の媒体であれば、たとえばツイッターやインスタグラムなどのSNSです。

商品の情報を発信して、見ている人との接触頻度を上げるために、毎日投稿をしているという人はたくさんいますよね。

SNSのビジネス活用方法を教えてい

るスクールなどでは、「毎日投稿しましょう」と指導されています。

毎日投稿するのが面倒な場合、少しお金をかけられるならば、それらのSNSに広告を流すことも有効です。たとえば、ユーチューブを見ているとしょっちゅう広告が出てきますが、わずかなお金をかけるだけで、あなたが広告を流す側に回ることも可能です。

そして、商品が自分自身である場合、SNSを通じて自分を相手に接触させているということになります。

これはWeb商談と似ていると思いませんか?

しかもWeb商談は相手と直接対話ができるので、その効果はSNSで一方的に情報を発信したことに比べるとはるかに大きいのです。

商談は1週間に1回のペースで計7〜10回がベスト

ザイアンス効果とセブンヒッツ理論の合わせ技で「7回接触する」ことをWeb商談で行なえば、直接対面をしなくても関係を構築することは十分に可能です。

以上のことからザイアンス効果&セブンヒッツ理論がリモート営業に大変有効であることはおわかりいただけたでしょう。

何点か補足させていただきます。

セブンヒッツ理論の7回という回数は、あくまで目安であってあなたの取り扱う商品や環境によって前後すると考えてください。

私が大型商談に取り組んでいた際、見込み客に毎週1回は接触していましたが、お互いの都合が合わずに接触ができないときもありました。

1週間接触ができなかったときは問題がありませんでしたが、2週連続で空いてしまうとそれまでの流れがリセットされてしまう可能性が高いと考えて間違いないでしょう。

ですから理想をいえば7週連続がベスト、毎週が難しい場合でも、空けていいのは1週間までだと覚えておいてください。

あと、先方の都合でWeb商談が難しいという場合は、電話やメールを使って補うのもよいでしょう。

優先順位としては、

①Web商談　↓　②電話　↓　③メール

になります。

少しでも接触をして、見込み客に忘れられないように工夫する必要があります。営業の基本である顧客視点に立ち、見込み客は多忙であるということを念頭に置いて行動計画を立てましょう。

そして最後に、この理論の弱点についてもふれておきます。

接触回数を増やすことだけで好感度を上げるのには限度があるということです。10回を超えると、それ以降ほとんど好感度は上がりません。

ですから、やみくもに接触回数を増やすのではなく、しっかりと戦略を立てて10回以内程度でクロージングできるようにしましょう。

1週間に1回のペースで7〜10回ということは、トータルで2〜3カ月ほどです。1クォーター（3カ月）で案件を完結させると考えると、年間計画も立てやすいでしょう。

1 対面営業、リモート営業を問わず、ザイアンス効果の「接触頻度」をベースにして、セブンヒッツ理論の具体的な「接触回数」を行動戦略に組み込むことで、顧客との関係を構築することができる

2 お客さまと会わない期間は1週間までなら問題ないが、2週間以上空いてしまうと、それまでの話の流れがリセットされてしまうので注意

3 接触回数が10回を超えると、好感度はほとんど上がらないので、それまでにクロージングするのがベスト

03

時短営業を意識しよう

ここまでリモート営業の技術についていろいろ解説してきましたが、私は対面営業とリモート営業は、本質的にはどちらも同じだと思っています。

それは、対面でもリモートでも、見込み客にアプローチをして購買意欲を向上させ、最後にクロージングをするというプロセスはまったく一緒だからです。

違うのは環境だけです。

リアルに顔を突き合わせるか、モニター越しに話をするかの違いだけなのです。

さて、リモート営業を活用しはじめて、営業のレベルが上がったことを実感している営業マンが数多く存在します。

彼らいわく、

「しっかり準備をして、より戦略的に活動をするようになったから」

とのことです。

これまでの活動では「近くまで来たからちょっと寄ってみた」的な訪問もできましたが、気軽に訪問ができなくなってしまった今、お客さまと1回コンタクトすることの価値が上がってきました。

1回のコンタクトが大事になったので、必然的に計画を立てるようになり、その結果営業スキルがアップしていくという流れです。

これまでも会社の方針を自分で細分化して、毎回戦略的に商談をしていた方は、変化が少ないかもしれません。しかし、そうではなかったという方は営業のレベルを大幅にアップさせるチャンスです。

この環境をチャンスだと捉える考え方こそが、「変化に適応して生き残る」ことにつながっていくのです。

それではＷｅｂ商談で結果を出している人は、どのようなことを意識しているのかを紹介していきます。

時短営業を意識する

まず大前提として、Ｗｅｂ商談では対面営業と違って、なるべく短い時間で商談を完結させるべきです。

これまで会議室で長話や談笑をすることは何も問題がなかったかもしれませんが、お客さまがＷｅｂ商談をしているシーンを想像してみてください。

自分のデスクのパソコンでＷｅｂ商談を長々とやっていたら、周りの目が気になりませんか？

それに1時間もモニターを見ながら商談をしたら、かなり疲れます。

アイスブレイクや雑談を長めにするという方は、見直すとよいでしょう。

詳細な計画を立てる

先ほど述べたように、商談1回あたりの価値が高いので、毎回意味（実り）のある商談を意識したいものです。

ですから、なんとなく商品のメリットをPRするだけではなく、毎回の商談ごとに自分の中でミニゴールを設定するとよいでしょう。

冒頭に要件を伝える

要件は、アポイントメントを取る際のメールにも書いているかもしれません。しかし、こちらは覚えていてもお客さまが覚えているとは限りません。覚えていないという最悪の事態を想定して、冒頭で今回話したい内容をザックリとお伝えすると、商談をよりスムーズに進めることができるでしょう。

要件を理解しているお客さまには、「この営業マンは丁寧だな」という好印象を与えることができるというおまけもついてきます。

相手の表情を読む

これはほとんどの方が対面営業のときには当たり前のようにやっていたことですね。しかし、訪問できないこの時代において、電話に比べたときのＷｅｂ商談の大きな利点である「相手の表情を見て、読み取ることができる」ということを、今までと同じように活かしましょう。

お客さまの状況を察して、忙しそうであればキリのよいところで商談を切り上げて、続きは次回に回すというような流れにすると喜ばれます。

商品説明は2パターン用意する

「お客さまは常に忙しい」という想定のもとで、プランニングをするべきです。商品にもよりますが、使用説明会で与えられる時間は30分ほどでしょうか。この場合は、商品の使い方を詳しく説明することができるでしょう。

しかし、詳しく説明をすることに慣れすぎてしまうと、通常の商談の中で急に短時間で説明をする必要が生じたときにポイントを絞れず、お客さまにメリットが伝えられないというようなことも考えられます。

ですから、ご自身が取り扱っている商品の取り扱い説明をする際には、ショートバージョンとロングバージョンの2パターンを用意するとよいでしょう。

「気づかい」は常に意識する

商談の最後に、気の利いたひと言が言えると、好感度がグッと上がります。

たとえば、

「遠慮なくご相談ください」

というような簡単なひと言ですね。

これは対面営業の際も、やっていた方は多いのではないかと思います。

Ｗｅｂ商談の場合は、次のような考え方もあります。

先方が営業マンの訪問をOKとしている場合、たとえ自分には訪問する気がなくても、あえて、

「いつでもうかがって対応させていただきます」

と言うのです。

これは、「気に入られるために思ってもいないことを言え」というわけではなく、そのひと言を言うことで、お客さまに安心感を与えられるからです。

もちろん、本当に訪問依頼があったら、しっかり対応するようにしてください。

さて、ちょっと前に『1分で話せ』（伊藤羊一、SBクリエイティブ、2018年）という本がベストセラーになりました。

このタイトルにすべてが語られていますが、多忙な現代人には「なるべく端的にポイントを説明したい」と思っている人が多いということなのでしょう。

1分で商談を完結させるのは不可能ですが、それくらいの気持ちで時間を意識する

ことで、あなたの営業のレベルはさらに高まるはずです。

1 見込み客にアプローチをして購買意欲を向上させ、最後にクロージングをするというプロセスはリモートでも対面でもまったく同じ

2 リモート化によって商談1回あたりの価値が高まっているので、事前に戦略を立ててから商談に臨むべき

3 「お客さまは常に忙しい」「長時間の商談はNG」を前提に、なるべく短い時間で商談を済ませられるように工夫をする

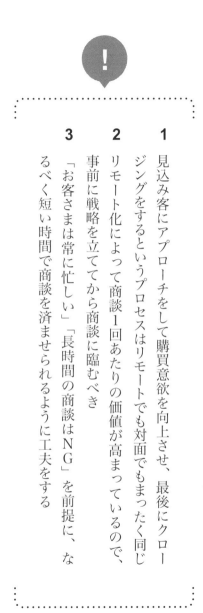

04

堂々とカンニングをしよう

営業活動において、事前に準備をしておくことは基本中の基本です。

まずは身だしなみ。

髪をきちんとセットして、シワのないスーツを着用。キレイに磨いた革靴を履いて、ネクタイが曲がっていないかをチェックします（ちなみに、私自身は年間を通してネクタイはしません。いろいろと試しましたが、お客さまはそんなことは気にしていないし、売り上げにもまったく影響はありませんでした。むしろネクタイの曲がりを気にする労力がもったいないという結論に達しましたので）。

高級なスーツや靴を身に着ける必要はありません。要は清潔感を与えられればそれでよいのです。

次は、カバンの中身です。

カタログは入っていますか？　部数は大丈夫ですか？　そして今日の商談に使用する資料、お客さまから要求される可能性がある資料や、サンプル品などは用意ができていますか？

そして次は顧客情報です。

事前にインターネットなどで顧客の会社概要などをチェックして、前任者からこれまでのプロセスや、担当者のタイプなどを引き継いでおきます。

会社概要などは、誰が見ても揺るぎない情報ですが、担当者のタイプは前任者の主観がたっぷりと含まれていますので、話半分くらいの信用度にしておきましょう。

人には相性がありますので、前任者が「あの担当者は細かくて面倒なタイプだ」と言っていたとしても、あなたが同じような印象を受けるとは限りません。

顧客情報は、あなた自身が常に最新バージョンにアップデートしつづけましょう。

以上は訪問営業の際の準備ポイントでした。

最低限の知識があれば十分に営業できる

さて、リモート営業の場合はどうなるのでしょうか？

リモート営業の場合も、Ｗｅｂ商談であれば身だしなみは必須です。電話営業の場合も会社概要などのチェックの必要性は対面のときと同じですね。

大きく違うことは、「知識は必要なくなった」ということです。

あっ、もちろん最低限の基礎知識は必要ですよ（笑）。

対面営業が主流だった時代は、知識の取得のために社内で時間をかけて、トレーニングを受けた方も多いのではないかと思います。私は以前より知識を使わない営業方法を活用していたので、社内トレーニングは「私には時間のムダなのになあ……」と思いながら受けていました（トレーニングしてくれた方、ごめんなさい！）。

商品知識を頭に詰め込む理由としては、お客さまへの商品説明はもちろん、質問を受けた際にビシッと即答ができると信用度がアップするので、購入へ一歩近づくからですよね。即答をするためには暗記をしておく必要があったので、必死に勉強をして知識を身につけたのです。

しかし、ようやくリモート営業の時代がやって参りました！

リモート営業の大きなメリットの1つに、

「カンニングができる」

ということがあります。

そうです！　リモート時代においては、知識を暗記しておく必要はなくなったのです！

カンニングというとネガティブなイメージがあるかもしれませんが、営業の現場は学校ではありませんから、もちろんなんの問題もありません。

それでは、正しいカンニングの方法について解説をしていきます。

まず、ペーパーテストとの大きな違いですが、営業の場合には試験範囲がないことです。

試験範囲がないので、自分でお客さまとのやりとりを想定することが大前提となります。その際に使う資料を用意したり、カンニングペーパーが必要になりそうであれば作成しておきましょう。

今回あなたが提案をする内容や、お客さまから質問されるであろう情報をまとめておきます。この準備をしっかりやっておかないと、商談中にバタバタして信用を損ないかねないのでご注意ください。

商談中にカンニングペーパーを置いておく場所ですが、パソコンと自分の間ですとお客さまから見えてしまいますので、パソコンの両サイドにしましょう。

ポイントは、アドリブっぽく回答することにあると思います。多少目線が左右に動いても、棒読みにならないように気をつけて、堂々としていれば何も問題はありません。

知識を詰め込むのではなく、知恵を養おう

さて、私は以前より、「知識よりも知恵が大切」だと主張してきました。

これまで、知識で武装した頭でっかちの営業マンをたくさん見てきましたが、仕事ができるタイプは少ない印象があります。

その理由として考えられるのは、知識や情報に頼りすぎて、それらを活用する知恵が不足していたのではないかと思うのです。

学生時代に暗記中心型の勉強をしてきて、記憶テストのような試験でよい点数を取ると、認めてもらえたわけです。知識をたくさん持つことで認められてきたという成功体験があるので、社会人になっても同じだと考えて知識偏重型であるケースが多いです。

学生時代に優秀だった人に、その傾向が強いように思います。

では、知恵を養うにはどのようにしたらよいのでしょうか？

その前に、知識と知恵の違いについて考えてみましょう。

それについてはさまざまな考え方があると思いますが、私の独断と偏見で言うところの知識とは、

「それを知っている」

ということです。

知っていても、使うタイミングやポイントがわからないと、宝の持ち腐れになって

しまいます。学校のテストのように、回答をする機会が与えられるとその効力を発揮しますが、ステージを用意してもらわないと活躍できないという特徴があります。

では、知恵についてですが、知恵と言えば「おばあちゃんの知恵袋」という言葉がありますよね。

私が小学生の頃、膝にイボができたのでそれを気にしていたら、おばあちゃんが「ナスのヘタをこすりつけとけば取れるよ」と、教えてくれたので、半信半疑ながらも毎日のように実践をしてみました。

すると、本当にイボがなくなったのです！

医学的な根拠があるかどうかはわかりませんが、本当の話です。

世の中のおばあちゃんたちは日々の生活の中から、より快適にすごす方法を編み出しているのだと思います。ただなんとなくすごしていると、不便だと思っても何も工夫をしないので、ずっと不便のままです。

しかし、どのようにしたら快適になるかを「知恵を絞って」考えた結果、その方法を見つけてしまうのでしょう。「生活の知恵」といわれるのも納得ですね。

なんとなく知恵というものが見えてきたのではないでしょうか？

私が考える知恵をつけるためのヒントの1つは

「疑問に思うこと」

ですね。

さまざまな事柄において、常に「なんで？」「どうして？」と思う気持ちを忘れないことです。

営業においても同様で、「疑問に思うこと」は非常に重要です。

私が営業職についたばかりのころ、たくさんの顧客を訪問しているにもかかわらず、営業成績が悪い先輩がいました。真面目でしっかりしている印象です。

それとは逆に、「ちゃんと仕事をしているのかな？」という感じの先輩がトップセールスだったのです。

そこで私は「なんでだろう？」と思いました。疑問に思ったので、各先輩にヒアリングしたり、訪問の件数と売り上げの関係性などを自分なりに検証してみたところ、「あまり関係がない」という結論に達しました。

その後、訪問をしないで売る方法を確立し、もっと訪問をしなくてもよいリモート営業へとつながることになります。

さてリモート営業において、知識がいらないもう1つの理由は、スマートフォン（以下スマホ）の存在です。

もはや今の時代、ビジネスパーソンは1人1台以上持っているという普及率ですね。

このスマホですが、私はビジネスにおいて、

「自分専用の外づけハードディスク」

と呼んでいます。

カンニングには最高のデバイスですね。

商談の最中に、お客さまにわからないように、スマホで情報をチェックすることもまったく問題はないと思います。

このように必要最低限の知識だけ備えておき、それ以上の知識はカンニングをする

として、あとは知恵を使ってお客さまと円滑にコミュニケーションを取るだけでよいのです。

1 対面営業もリモート営業も事前に顧客情報をきちんと調べておくのが基本。ただし、先方の担当者との関係性は前任者の意見が当てにならないことが多々あるので注意

2 リモート営業の最大のメリットの1つは、堂々とカンニングをしながら営業ができるので、紙資料だけでなく、スマホなども徹底活用しよう

3 商品に関する知識を詰め込んだり、顧客への訪問回数をただ増やすだけでは売り上げは上がらないので、自分なりに知恵を絞ろう

05 リモート対話を極めるにはトライ&エラーは必須

私が親しくさせていただいている研修講師の1人に、伊《い》庭《ば》正康《まさやす》先生という方がいらっしゃいます。

伊庭先生の経歴を簡単にご紹介しますと、リクルートにおいてプレイヤーとマネージャーの各部門で年間全国トップを４回受賞。累計表彰回数は40回以上というスーパービジネスパーソンです。

独立後は企業研修講師として活動され、年間２００回を超える研修を実施しています。ユーチューブチャンネル「研修トレーナー伊庭正康のビジネスメソッド」は登録者数３万を超える人気チャンネルです。

伊庭先生はコロナ禍でリアル研修が減った際にも、早い段階からリモート研修に切り替え、研修の件数を減らすことなく現在もご活躍なさっています。

そんな伊庭先生にリモート研修時において、日頃から注意している点や失敗談などをインタビューしてきたので、皆さまにシェアさせていただきます。

インターネット回線と音声設備にはきちんと投資しよう

リモートで対面をする際に最初に一番気をつけなければいけないことは、インターネット環境であることに異論はないでしょう。

伊庭先生もリモート研修中に音が途切れたり、画面がフリーズしたりすることが何度もあったそうです。

その対策として、パソコンを2台セッティングして1台がフリーズしても、もう1台で研修が続けられるようにしています。

ちなみに、伊庭先生のご自宅のインターネット回線の速度は93Mbpsとかなり高い数値です。

これは高速光回線を有線でつないでいるからで、通常なら20Mbps以上であれば問題ありません。ただし、有線と無線では安定感が全然違うので、できれば有線にしましょう。

音声も大切なので、パソコンの内蔵マイクではなく別売りのイヤホンをおすすめします。マイク付きイヤホン（ヘッドセット）だとなおよしです。3000～4000円程度で質の高いものを購入できます。

今ほとんどのWeb会議システムには、ホワイトボード機能があります。もちろん、それを使ってもいいのですが、伊庭先生は100円ショップなどで売っている小さなホワイトボードも使っているそうです（次ページ写真）。

アナログのホワイトボードは、何かの名称や漢字などちょっとしたことを説明するのに便利なので、私も活用しています。デジタルとアナログのハイブリッドもときには効果的ですね。

リモートトークは滑舌と笑顔で決まる！

トークのときの注意ポイントですが、リアル商談の際にはアイスブレイクで、

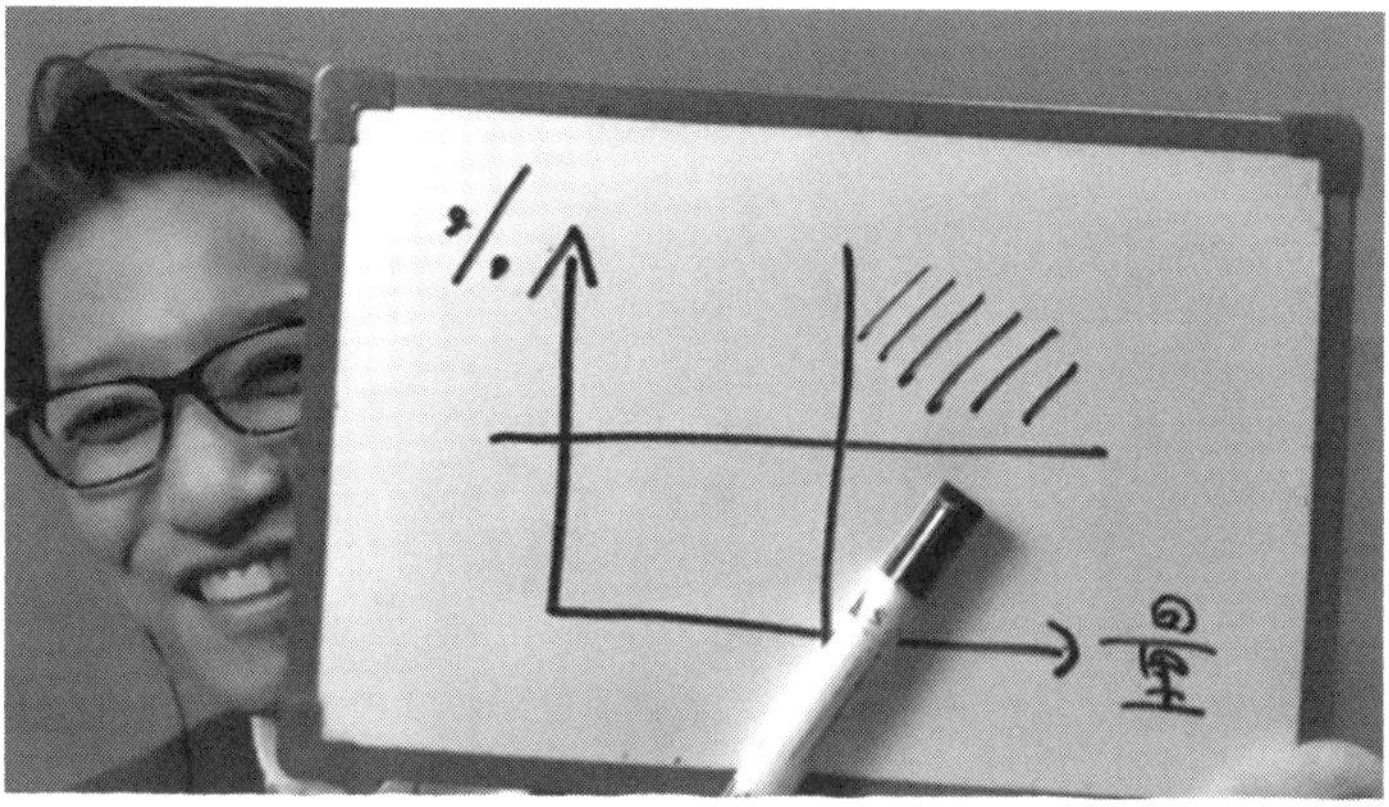

「今日はいい天気ですね！」

とやる人が多かったと思いますが、リモートの場合はお互いに別の場所にいるので、かえって相手に違和感を抱かせるのでNGとのことです。

だからと言って、いきなり本題からは入らないほうがよいでしょう。

そこはリアルの場合と同じですね。

伊庭先生が商談の際によく使っているアイスブレイクトークを教えていたので、それをお伝えします。

「今、ご自宅ですか？」

「よくリモートでやりとりされていますか？」

リモートをネタにしていますね。

アイスブレイクに関しては、リモートの場合はリアルよりも少し短めを意識するとよいでしょう。


また、リアルのときよりも気をつけたほうがいいのは「笑顔」と「滑舌」です。

リモートでのやりとりの際は、特にお客さまに笑顔がないとキツイです。

それは相手も同じことだと思うので、あなたもリアルのときよりも多少オーバーな笑顔を浮かべながらコミュニケーションを取ることを意識してみてください。

伊庭先生はインタビューの最中、写真でも確認できるように終始自然な笑顔で対応してくださいました。相手の気分をよくさせて、**やりとりを円滑に進めていく秘訣はやはり「笑顔」にあるようです。**

最後に「滑舌」です。

相手の音声の環境はわからない場合がほとんどでしょう。

特に相手がパソコン付属のマイクを使っている場合、音質はよくありません。そこまで気を配り、リアルのときよりも滑舌をよくして、声のトーンも大きめにハキハキと話すようにしましょう。

商談の直前まで誰とも話をしていない状態でいきなり商談に突入すると、よい声が出ないかもしれません。あなたのベストボイスを発揮するには、直前に発声練習をすることをおすすめします。

発声の内容はなんでもかまいません。簡単な声出しとか、軽く歌を口ずさむだけでもよいでしょう。

伊庭先生は何度もトライ&エラーを繰り返した結果、今のやり方にたどり着いたそうです。

何事においても同じだと思いますが、一発目でベストな方法が見つかるなんてことはまれでしょう。ですからそのようなことに期待をせずに、何度でもトライ&エラーを繰り返すべきです。

そして、自分が失敗した経験は、血肉となって自分の中に根づいていきます。その積み重ねこそがあなたの大きな財産であり、本当の意味でのスキルアップにつながるのです。

1 インターネット回線は無線よりも有線、音声はパソコン内蔵のマイクとスピーカーよりもヘッドセットを使うなど、商談をしやすい環境を整備しておく

2 冒頭のアイスブレイクのトークはリアルのときよりも少し短めを意識するとよい。また、天気の話は基本NG

3 話すときは、笑顔はふだんよりもオーバーに浮かべて、滑舌よく声のトーンも大きめにハキハキと話すようにする

06

電話営業が快適になる魔法のアイテム

お客さまにＷｅｂ面談を申し込んで、断られた経験はありませんか？
ベルフェイス株式会社による「オンライン商談」の実態調査によると、約33パーセントの営業マンが「断られたことがある」と回答しています。
断られる理由はさまざまだと思いますが、ざっと次のような感じではないでしょうか。

・お客さまがＷｅｂ面談に抵抗を感じている。あるいは慣れていない
・Ｗｅｂ環境が整っていない。自分のＰＣやタブレットを持っていなかったり、セキュリティの関係でＮＧなど

・そもそもあなたと面談したくない

電話営業がびっくりするほどスムーズに進む！「自己紹介シート」の魔力

Ｗｅｂ面談がＮＧだった場合、次の選択肢として有効なのは電話営業です。

しかし、これまで長い間、対面営業をこなしてきた方にとっては、とてもやりにくい営業手法ですよね。

そんな方に向けて、電話営業が快適になる方法をお伝えします。

20代の若き営業マンＳさんのエピソードです。

Ｓさんは私の前作『世界Ｎｏ.１営業マンが教える やってはいけない51のこと』（明日香出版社、２０１７年）を読んで、その中で紹介した「自己紹介シート」を実際に作ってお客さまに配って回りました。

訪問規制で会えないお客さまには、面談ができないことを承知のうえで訪問して、対応してくれた人に自己紹介シート（１４５ページ図）を渡してもらうようにしたそうです。
そのあとでお客さまに電話をかけます。

Sさん　「○○社のSです。いつもお世話になっております」
お客さま「あー！　Sさんですね。自己紹介シート読ませていただきました。顔、わかりますよ（笑）」
Sさん　「本当ですか!?　ありがとうございます！」
お客さま「秋田県出身なのですね。私、秋田に仲のよい友人がいまして、毎年旅行に行っているんですよ！　秋田は本当にいいところですよね！」
Sさん　「そうなのですね。そんな風におっしゃっていただき、出身者としてはうれしいです！」

という具合に、見事にアイスブレイクは成功して、そのあとの商談もスムーズに進んだそうです。
このシーンでは、電話での商談ということで、当たり前ですがお互いに相手の顔が見えません。

通常であれば、お互いが相手の顔を勝手に想像するしかないという状況ですね。

しかし、自己紹介シートを事前に渡しておくことで、お客さまはSさんの顔を知っているという状況になります。

Sさんの場合、顔には優しさが表れており、スポーツマンで小さなお子さんがいて、DIYや料理が得意ということも伝わっています。

このような情報を伝えておくことによって、お客さまに安心感を与えることができるのです。

営業的にいうと、お客さまは会ったことのない営業マンに対して「売り込まれたくない」という思いがあるので、あなたのことを警戒しています。

しかし、**事前に自己紹介シートを渡しておくことで、その警戒心のハードルを下げた状態で商談ができます。**

相手が優しく対応してくれるので、精神的にも大変リラックスした状態になります。

ビジネス書を読んでも、その内容を実践する人は1割程度ではないでしょうか。実践するどころか、読んだ内容をすぐに忘れてしまう人も多いでしょう。

〜自己紹介〜
○○○○株式会社
【○○○○が使命です】
名前（ふりがな）
生年月日　1991/10/27
出身地　秋田県男鹿市
・なまはげ・ハタハタが有名です！
家族構成　妻・息子（3歳）
スポーツ
・サッカー　（3歳〜１２歳）
・ラグビー（１３歳〜２２歳）
趣味　料理・DIY・筋トレ
座右の銘　【笑う門には福来る】
自宅のフェンスDIY
○○高校ラグビー部！
息子3歳
得意料理
牛しぐれ煮丼
親子丼
豚の角煮

Sさんから許可をいただいたので、実際に使用した自己紹介シートを掲載します。作成のポイントはお客さまと共通の話題ができるように、さまざまなジャンルの情報を載せることだそうです

そのような中で、すぐに実践されたSさんの実行力は素晴らしいと思います。成長のスピードが速い人の特徴に「素直」であることが挙げられます。自分がよいと思ったことを疑わずに、まずは「素直」に実践してみることが大切です。

その結果、自分の持ち味を発揮できて、戦略通りに商談をよい方向に進めることが可能になるのです。

ちなみに、自己紹介シートを受け取ってもらえなかった見込み客が、1人いらっしゃったようです。

その見込み客は競合商品のユーザーでした。これをもらったら捨てられないとの理由のようです。可愛いお子さまの写真まで入っているので、捨てるには重いということなのでしょう。きっとよい人だと思うので、ぜひSさんの商品を採用して、快適になっていただきたいですね。

今回ご紹介したSさんのエピソードでは、〝秋田県〟という共通点がありましたね。仮にお客さまと共通点がない場合でも、必ずよい印象を与えることができるので、ぜひ試してみてください！

1 約33パーセントの営業マンがリモート営業を断られたことがある

2 電話営業をする前に「自己紹介シート」を作成して、見込み客に配っておくと、電話営業をしたときに話がスムーズに進む

3 自己紹介シートを作成する際には、お客さまと共通の話題ができることを狙って、出身地、趣味、家族構成など、さまざまなジャンルの情報を散りばめておく

第4章

リモート営業では実はとても大切なメールの活用法

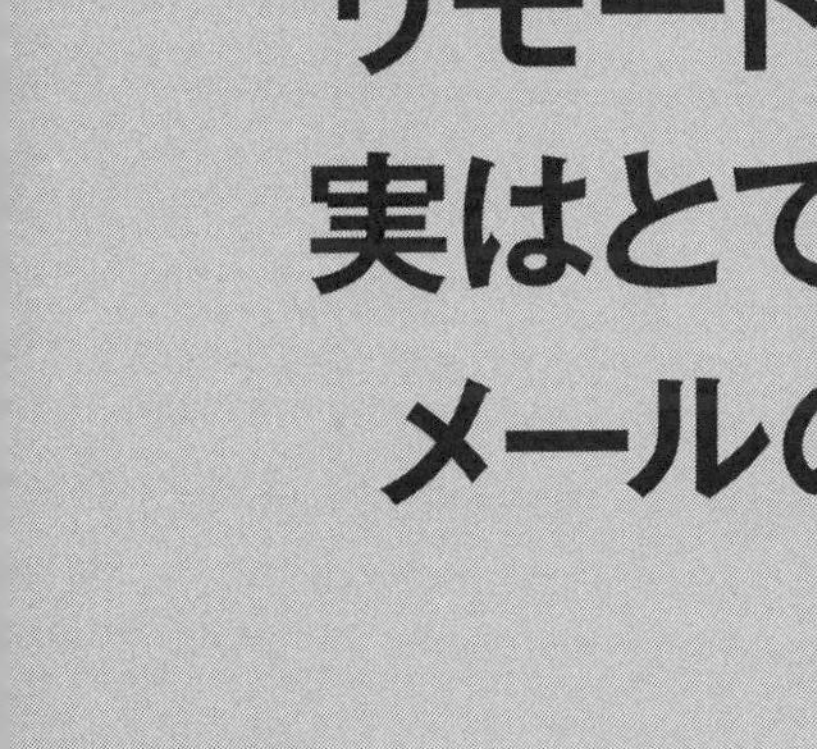

01 メールを開封してもらう工夫をする

冒頭でもお伝えしましたが、本書におけるリモート営業の定義は、次の通りです。

「電話、メール、Ｗｅｂ会議システムを使った営業手法」

その中でも、意外と利用頻度が高いのが「メール」です。

要所要所でサポートツールとして大きな役割を果たしてくれます。

かつては紙ベースが主流だった営業資料も、今では電子データとしてメールで送ることが常識化しています。

また、Ｗｅｂ会議システムを使った商談のインビテーション（招待）は、メールで送ります。

以上のような理由から、主役とは言えませんが、もうしばらくの間メールは重宝されるのではないかと予想しております。

それではメールを有効活用する方法を解説しますが、その前に一般社団法人日本ビジネスメール協会の調査結果をご覧ください。

同協会は、２０２０年に仕事におけるメールの利用状況と実態を調査した「ビジネスメール実態調査２０２０」を発表しました（https://businessmail.or.jp/research/2020-result/）。

調査期間は２０２０年4月2日から5月1日です。

調査結果の一部を抜粋すると次の通りです。

・1日の平均受信数は「50・12通」
・仕事でメールを確認する頻度は「1日に10回以上」（51・16パーセント）が最多
・返信が遅れてしまう理由は「すぐに結論が出せない」（52・7パーセント）が最多

・メールの返信が遅れてしまうことがある人は66・81パーセント
・メール1通を読むのにかかる時間は平均1分19秒。1日にメールを読んでいる時間は66分
・メールがうまいと感じた特徴の第1位は「文章が簡潔でわかりやすい」(77・18パーセント)

この調査結果に、メールを有効活用するヒントがたくさん隠されています。

お客さまが1日のうちに受け取るメールの数は、平均で「50・12通」とあります。お客さまはたくさんのメールを受信するので、あなたのメールを開封してくれない、もしくは開封するまでに時間がかかる可能性があるということです。

メールマガジン(以下メルマガ)の開封率は一般的に10〜20パーセントといわれています。

メルマガは、業種や業態、BtoBかBtoCかによっても変わってきますが、不特定多数に配信されることが多いので開封率が低くなります。しかし、あなたが過去にコンタクトしたことのある相手に送るのであれば、その開封率はもっと高まるでしょう。

では、開封してもらうにはどのような工夫が必要でしょうか？

タイトルを工夫して開封率を大幅アップ

メールの開封率を上げるために最も重要なキーとなる部分は、

「タイトル」（件名）

にほかなりません。

おそらくお客さまはOutlookなどのメーラーを使用しているケースが多いと思いますが、ほとんどの方が「タイトル」が見えるように管理していることでしょう。

ということは、「タイトル」を目立たせる必要があります。

まず悪い例を挙げてみましょう。

× お世話になっております

× 先日はありがとうございました

このようなものが意外と多いのです。

これだと目立ちませんし、内容もまったくわかりません。

目立たせるという意味では、【 】を使用すると印象を変えることができます。

では、少し内容も入れて改善してみます。

× アポイントメントの件

△【アポイントメントの件】

いかがでしょうか？

50通受信するメールの中で【 】を使ったものと、そうでないものが混在していたら、【 】がついているメールに注目をするのではないでしょうか。

しかし、それだけでは足りません。

注目をさせたあと、「開封したい！」と思っていただく必要があります。

開封率を上げるもう1つのポイントは、

「タイトルが一目瞭然！」となるようにする

ということです。

先ほどの調査結果でも、「文章が簡潔でわかりやすい」というのが1位でした(77・18パーセント)。シンプルイズベストですね。

それに、何が書いてあるかわからないメールは、あと回しにされてしまう可能性が高いです。

それよりもタイトルを見ただけで、内容を理解できるように工夫しましょう。

とはいえ、あまり長いと読みにくいです。

タイトルはできるだけ簡素化しましょう。

人が一瞬で理解できる最大の文字数は「16文字」といわれています。

Outlookではタイトルに入る文字数が「20文字」程度になるので、タイトルの文字数は「できれば16文字以内」に収めて、最大でも「20文字まで」にするといいでしょう。

ちなみに、スマホに表示される文字数も20文字程度になりますので、お客さまがスマホでメールをチェックされる場合も同様に考えてよいでしょう。

以上を踏まえてタイトルを考えてみます。

○【新商品打ち合わせの件】3/8（月）
○【アポイントメントのご確認】3/9（火）
○【重要】商品説明会の件　3/10（水）

このような感じではいかがでしょうか？

文字数も20文字前後なので、読まなくても見ただけで理解できます。

まさに一目瞭然ですね。

日程が決まっている場合、具体的な日にちを入れるとお客さまも思い出しやすいので丁寧です。

お客さまが過去ログからメールを探しやすいようにサポートする

顧客視点に立って考えると、メールが受信箱に埋もれてしまった場合を想定して、簡単に検索できるようにサポートしてあげるとよいでしょう。

「あのお客さまが自分のメールを検索するとしたら、どのようなキーワードを入力するか？」

という風に考えて、それに沿ったタイトルをつけると喜ばれます。

さらに、文字数が増えてしまいますが、あなたの名前を入れるのもよいでしょう。日程のあとに入れるか、日程を削って入れるかはケースバイケースです。

名前を入れる場合の注意点ですが、

× 【セミナー打ち合わせの日程調整の件】シスコシステムズ合同会社財津

このように会社名をフルで入れてしまうと、長くてまとまりに欠けた印象があります。

○【セミナー打ち合わせの日程調整の件】シスコ財津

○【日程調整の件】3／11（木）シスコ財津

会社名は略称でよいでしょう。「合同会社」や「株式会社」などは不要です。

Web会議システムのインビテーションメールの場合は、次のようにしましょう。

○【Web面談の件】3／12（金）シスコ財津

このようなタイトルであれば一目瞭然ですね。開始時刻を入れてもよいでしょう。

さまざまなメール活用法

そのほかの有効活用法もいくつか紹介しておきます。

●重要なメールを送る際のポイント

お客さまに電話をかけて、

「本日○○についてメールさせていただきますので、詳細をご確認ください」

「先ほどメールを送らせていただきました。○○についての重要な内容になりますので、ご確認をお願いいたします」

などのように、念を押してメールに重要性を持たせると、お客さまの記憶に強く残ります。

電話とメールのハイブリッドは証拠が残るという意味でも有効です。

●停滞案件の掘り起こし

電話やＷｅｂ会議システムを使ってアプローチがしにくい案件は、メールという飛び道具を使ってダメ元でジャブを打ってみるのも1つの手です。
「返信があったらラッキー」くらいの気持ちでアプローチをしてみましょう。

●優先順位の高い案件にも使ってみる

優先順位の高い案件に「セブンヒッツ理論」（110ページ）を用いて7回アプローチを試みている最中に、

「話すほどのネタがない」
「緩急をつけたい」

などの場合にメールをはさんでみるのもアリですね。

●テンプレートを作成する

今回ご紹介したメール活用法ですが、毎回新しいタイトルを考えるのは時間がもったいないです。

それほど多くのパターンにはならないはずですので、テンプレートを作成してそれをマイナーチェンジしながら活用すれば時間を短縮することができます。チームメンバー同士でシェアすれば、チーム全体も時短できるので、コスパ的にもメリットが大きいですね。

!

1 ビジネスマンが1日のうちに受信するメールは平均「50・12通」とかなり多いので、開封率を上げるためにタイトルのつけ方を工夫する

2 タイトルはできるだけ簡素化して一目瞭然にする。入れるのは要件と日程、文字数に余裕があれば自分の名前と会社名

3 メールを送ってから電話で念押しをすることで相手の印象に残り、優先的に開封、返信されやすくなる

02

返信をしたくなるように工夫する

先ほどは「メールを開封してもらう工夫」について解説しました。

次は、お客さまが開封し、読んでいただいたあと、「返信をしてもらう方法」について考えていきましょう。

「メールの返信がない」もしくは「返信が遅くて困った」という経験のある人は多いのではないでしょうか。

まず返信が来ない理由について考えてみましょう。

先ほどの調査結果の中でも、返信について次のように挙げられていました（150ページ）。

メールの返信が遅れてしまうことがある人は66・81パーセント

やはり返信の遅い人が多い印象です。
どのような理由で遅くなるのでしょうか？

返信が遅れてしまう理由は「すぐに結論が出せない」（52・7パーセント）が最多

結論が出せないから、返信が遅くなってしまうというわけですね。それではその原因をカバーできるように対策をしましょう。
返信が来ない例を挙げてみます。

×「ご意見をお聞かせください」
×「ご都合のよろしい日を教えてください」

このように、いわゆる「オープン・クエスチョン」をしてしまうと、回答に時間がかかりがちです。

「オープン・クエスチョン」とは、相手の回答に制限を設けず、自由に答えてもらう質問の方法です。

今回のようなケースだと、お客さまが意見を考えたり、手帳を見てスケジュールを確認しなければならないので、回答に時間がかかります。

今回のようなケースでは使用しないほうが望ましいですが、使い方によってはもちろんメリットもあります。

「オープン・クエスチョン」のメリットは、タイミングよく活用すれば、相手からより多くの情報を引き出すことが可能になることです。

引きつづき、返信をしやすい例を挙げてみましょう。

○「私の希望日は下記になりますが、この中でご都合のよい日はございますでしょうか？」

という感じで質問形式にすると、返信をしないわけにはいかなくなるので、高確率で返信がもらえます。

質問形式は、先ほどの悪い例のように、答えを考えなければならないようなケースのときは遅くなりますが、サクッと簡単に回答できる質問であれば返信がしやすいので、その分返信率が上がるでしょう。


いつもお客さまの返信が遅いと嘆いていたある営業マンに、送ったメールの内容を聞いてみたところ、案の定、質問形式ばかりでした。

「返信してほしいがために質問形式にしていた」そうです。工夫したのはよいことなのですが、裏目に出てしまっては元も子もありません。

その営業マンはそのお客さまとあまり親しい関係ではなかったようで、電話をしにくいという理由でメールを使っていました。その程度の関係性しかない営業マンからメールでいろいろと質問をされても、お客さまは困惑しますよね。

お客さまの側からしてみれば、「返信をするのが面倒だった」というのが本音だったかもしれません。

このような例からもわかるように、メールに返信していただけるかどうかは、あなたとお客さまの関係性や、案件の内容に左右されるので一概に「このようになります」と言い切るのは難しいのです。

本書の例を参考にして、ＴＰＯに応じたベストプラクティスを探してみてください。

回答期限を設ける際は日にちを明確にする

さて、日程調整に話を戻します。

この際のポイントとしては、**自分の希望日を挙げるのは2～3日程度にすることです。**

以前、10日間も希望日を挙げていた営業マンがいましたが、そうしてしまうとお客さまから返信が来るまで、その希望日をすべて空けておかなければいけません。すると、次の予定が立てられなくなるので、せっかく立てたプランが崩れてしまう恐れがあります。

相手からの返信が遅いかもしれないという最悪の事態を想定すると、希望日は２～３日程度が望ましいでしょう。

ただし、ほかの予定より優先をさせて、どうしても直接コンタクトを取りたいという場合は、希望日を何日挙げてでも絶対にアポイントメントをゲットしてください！

さて、次の工夫は、

メールの返信に期限を設ける

ということです。

「ご返信ください」という文言を文末に入れておけば、返信率は高くなります。

まずは悪い例を挙げてみましょう。

×「それでは、お返事をくださいますようお願いいたします」

このような内容ですと、少し言葉が足りないですね。

もっと具体的に攻めてみましょう。

△「今週中にお返事をくださいますよう、お願い申し上げます」
◯「3／16（火）中までにご返信をいただけるとありがたいです」

いかがでしょうか。
△の例も悪くはないのですが、「今週中」だと少し具体性に欠けます。
「今週中」ということは、土日休みの会社や業界の場合は金曜日ということになりますが、相手は頭の中で「今週中」から「金曜日」に変換をするという作業をしなければなりません。

さらに「何月何日」という日にちがパッと出てこないと、作業のスピードが落ちてくるでしょう。

「ちょっと面倒だからすぐに返せるほかのメールを先に返信しよう」と、あと回しにされてしまう恐れもあります。

スムーズに「今週中だから19日の金曜日」という風にならない可能性もあるので、この回答は避けるべきですね。

その点、◯の回答は「3／16（火）」と具体的な日にちが明記されているので、一目瞭然です。

なるべく相手に考えさせないように、具体的な日にちを指定してあげると親切です。

そして最後の手段はこちらです。

催促をする

最終的には催促をするに尽きます。

ただし、これは本当に最後の手段としてください。

誰しも催促をされるのはイヤなことなので、慎重に進めていきましょう。

メールの弱点として挙げられるのは、

「相手が読んだかどうかわからない」

ということです。

メールを開封したら送り主に通知が届くような機能もありますが、管理されているようであまり印象がよくないですね。私は一度も使ったことはありません。

そうなると、相手がメールを読んだかどうかわからないという状況で進めていくことになります。

読んでくれたかどうかがわからないのに、「早く返信をください」と催促メールを送るのは、読んでいなかった場合、失礼にあたります。もしかしたら、あなたが送ったメールがエラーで届いていなかったり、「迷惑フォルダ」に入ってしまっているのかもしれません。

ですから、催促をする場合は、慎重に相手の立場で物事を考えながら進めましょう。

催促の方法は主に次の2パターンかと思います。

「催促メール」か「催促電話」です。

「催促メール」の例を挙げてみましょう。

○「3／17（水）に△△についてメールを送らせていただきましたが、ご覧いただけましたでしょうか？

念のため、再送させていただきますので、お時間のあるときにでもご確認ください。

なお、お忙しい中恐縮ですが、3／26（金）中までにお返事をいただければ幸いです。

よろしくお願いいたします」


このような形だと親切ではないでしょうか。

文面に入れておきたい内容は次のことです。


「前回メールを送った日にち」

「ご覧いただけましたか？」

「念のため再送します」

「次の締め切り日」


このあたりを押さえておけば問題ありません。

催促だと思われない「催促電話」のかけ方

そして最後は「催促電話」です。

「催促電話」と「催促メール」のどちらを選択するかはケースバイケースですが、急ぎの場合は「催促電話」、比較的時間に余裕があり、メール内容を再送したい場合は「催促メール」がよいでしょう。

さて、「催促電話」をかける際に注意したいことは、相手がメールを読んでいて、返信をしていないことを気にしていた場合、逆ギレをされる可能性があるということです。

ストレートに逆ギレをしてくるパターンもあれば、案件を強制終了するという行動に出てくるパターンもあります。

どちらにしても、案件が前進する可能性が下がりますので、細心の注意が必要です。

それでは「催促電話」の具体例を見ていきましょう。

「3／18（木）にメールをさせていただいたのですが、届いていますでしょうか？

少し内容がわかりにくかったかと思いましたので、補足させていただこうと思い、お電話をさせていただきました」

このような形で、「メールを送った日にち」は伝えたいですね。

メールが届いているかどうかもわからないので、その確認も必要です。そのあとは読んでいるかいないかで対応が変わってきますが、ポイントとしては、

「催促電話だと思わせない」

これが最重要になります。

大変デリケートなシチュエーションになりますので、とにかく相手の立場に立って考え、「気づかい」をMAXにして対応しましょう。

この例のように、催促のために電話をしたのではなく、大義名分としては、

「補足説明をするために電話をしたのですよ」

ということが相手に伝わるように話すのがベストです。

補足説明という「気づかい」を示しつつ、自然な形で催促もできるので、「催促電話」をうまく活用すれば一石二鳥です。

!

1 相手の回答に制限を設けず、自由に答えてもらう「オープン・クエスチョン」でメールを送ってしまうと、返信が遅くなりがちなので、あらかじめ回答の選択肢を用意しておくと親切

2 単に、「返信をください」というのではなく、回答に期限を設けて、具体的な日程を知らせせる

3 返信を催促するときは、できるだけ慎重に行なう。特に、電話で行なう場合は、催促だと思わせないようにする

第5章

Web会議システムのメリット／デメリットを知る

——使い方、使いどころには注意する

01

Web会議システムの9つのメリット
――営業マンのニューノーマルは、リモート営業である！

ここまでリモート営業のさまざまな活用方法についてふれてきたので、皆さんの中で「営業マンのニューノーマルは、リモート営業である」というフレーズに異論を唱える方はいらっしゃらないでしょう。

それでは、リモート営業の数多くあるメリットについて、1つずつ見ていきましょう。

01 移動時間が商談時間に変わる！

これは、かつて私がリモート営業の会社を経営していた際にうたっていたフレーズです。リモート営業の費用対効果を考えたときに、これこそが一番のメリットではないかと考えておりました。

私が広域の担当エリアを持って営業を行なっていた時期は、長いときだと1日の中で6〜7時間も移動に費やしていたので、よけいにそのような思いが強くなったのかもしれません。

この6〜7時間を商談に当てることができたら、売り上げアップのチャンスが相当あったことでしょう。

それに加えて移動費、出張費などの経費が大幅に浮きますので、企業にとってもメリットがたくさんあります。

チャンスを増やすために必要なアポイントメントの取り方については、第2章をご参照ください。

02 通勤時間ゼロ

私が以前勤めていた企業では、毎朝満員電車で通勤して、会社に停めてある自分用の社用車に乗って営業先に向かっていました。営業活動が終わったら会社に戻り、車を置いてから電車で帰宅するというのが大まかな流れです。

私の場合、電車に乗っている時間だけでも1時間は優に超えていました。

しかも行きも帰りも満員電車なので、かなりの体力を奪われます。

それがなくなるだけでも、相当なメリットですが、それに加えて車を運転をしなくてもいいというオマケつきです！

03 どこにでも瞬時に営業ができる

これは「01 移動時間が商談時間に変わる！」とも重なると思いますが、要するに「顧客のいる場所を選ばない」ということです。

つまり、**世界中どこの国のお客さまに対しても、アプローチをすることが可能なのです。**

周知の通り、日本は少子化が加速しており、その対策も効果を発揮できていないのが現状です。少子化が進んでいるということは、将来的に顧客になり得る可能性を秘めた人が少ないということです。

以前に比べると、海外からも多くの人が国内に入って来てはいますが、まだまだ日本は閉鎖的です。

このままの流れでいくと、日本国内だけをターゲットとしているビジネスは、将来的に行き詰まりを起こすことは安易に想像できます。

少し悲観的な内容になりましたが、以上のような状況を打破してくれるのが「リモート営業」なのです。

04 同行が簡単にできる

全国展開している企業では、上司やマーケティング担当者が本社にいるというケースが多いと思います。

これまで地方にいる営業マンは、現地への同行を依頼する際に上司のスケジュールを押さえることはもちろん、宿泊をともなう場合はホテルや、新幹線や飛行機など移動の予約などもしなければならないケースがありました。

つまり、たった1回の商談をするためだけに、1～2日もの時間を使わなければならなかったのです。

しかし、Ｗｅｂ会議システムを使えば、移動する必要がないため、たったの1時間程度で済んでしまいます。

05 飲み会にかかる経費がゼロ

これは賛否両論がありそうな内容ですね。

会社の仲間と飲みに行くのが好きな人（主に中高年層）は、リモートワークの環境下でさびしい気持ちになっているのではないかと思います。

その一方で、「仕事は仕事」として割り切っている最近のアラサーの皆さんあたりは、会社の人と飲みに行くことに対して、ネガティブな思いを抱いていたりします。

最近の若手の中には、「飲み会をやろう」という話が出ると、「それは強制ですか？」と、上司に質問してくる強者もいるようです。

ただ、コロナ禍をきっかけとしてリアル会議や対面営業が激減している現状を考えると、社内の飲み会、取引先の接待などはほとんど行なわれていないというのが実情ではないでしょうか。

チームメンバーとの交流が希薄になるのもさびしいと思うので、そのような方はリーダーシップを発揮して「リモート飲み会」を主宰してみてはいかがでしょうか？「リモート飲み会」もやってみると意外と楽しいものです。

06 もはやオフィスはいらない！

コロナ騒動以降、オフィスに出勤したり、取引先を訪問したり、あるいは外部の方（業者さんなど）の来社が禁止されたという企業は多いと思います。

最近では、これらは多少復活しつつあるようですが、リモートワークでもこれまでと同じくらいの成果をあげられることがわかった企業では、継続してリモート環境で仕事をしているようです。

このように通勤が不要になると、オフィスがいらなくなります。あるいは、オフィスは狭くてもかまわないということになります。

オフィスの家賃という固定費は、企業にとって大きなコストです。

大きな企業になると、毎月数百万円から数千万円の家賃の支払いがあります。

それを減らすことができれば大きな経費削減につながりますよね。

1つのビルに複数のフロアを借りている企業は、ゼロとまではいわなくてもフロアの数を1つに減らしたりといった工夫をしているそうです。

企業にとっては売り上げをアップさせることと同じぐらい、支出を減らすことも重要ですから。

07 人間関係の悩みが減る

会社の退職理由のアンケート結果などを見ると、毎回「人間関係の悩み」が上位に入ってきます。

これは非常に深刻な問題で、さまざまな対策が講じられてきましたが、なかなか改善されるものではないようです。

それはそうですよね。人には相性や嫉妬心がありますから、そのめぐり合わせのタイミングで摩擦が起きてしまうのは避けられません。

これを解消してくれる究極の必殺技が、「(嫌いな人とは)会わない」ということにほかなりません。

そもそも会わなければ、人間関係の摩擦がゼロになるとまでは言わなくとも、大幅に軽減させることができます。

これはあまり語られていませんが、個人的にはリモートワークのかなり大きなメリットだと思っています。

08 商談の録画データを有効に活用しよう!

Web会議システムにはたいてい「録画機能」がついています。

この「録画機能」を上手に活用しましょう!

活用方法は簡単です。

まずは個人としてはご自身の商談の模様を録画して、それをあとから見直して反省&改善をすることができます。

これまでは自分の商談を客観的に見る機会はほとんどなかったと思いますが、これからは自分の仕事を振り返り、そのあとの仕事の改善につなげるというのが常識化してくるかもしれません。

チームとして考えた場合、上司のほうは、チームメンバーの商談録画データを見ながら分析や反省をすることができます。

そして、このデータが企業の財産になります。トップセールスの商談を集めて分析し、若手に対するトップセールス育成の材料とするのもよいと思います。

そのほかの活用方法として、商談後に議事録の代わりに商談録画データを送付している企業もあるようです。

これにより「言った、言わない」で揉めることもなく、顧客満足度の向上の助けとなるでしょう。

ただし、逆の効果も考えられます。

言葉づかいには十分に注意をしましょう。たとえば、ちょっとした競合批判的なことを言って、それが記録に残ってしまい、問題になる恐れもあります。

09 実際の顧客の声はどうか？

最後にＷｅｂ会議システムについてのシスコの調査結果をご紹介しましょう。予想以上に好意的な意見が多いです。

・会議室が狭いので、コロナ感染のリスクを避けられてよかった
・想像以上に普通に会話ができ、説明も理解できた
・依頼をしてすぐにオンラインで説明を受けられたので予算化に間に合った
・入館の申請や会議室の予約、人の調整の手間が少なく、とてもいいので継続してほしい
・半信半疑だった役員も「自社でもＷｅｂ商談を始めよう」と言い出した
・対面と比べると熱量が足りないと感じた、自分の感情がきちんと伝わっているのか不安（これは相互にビデオをオンにすることで解決）
・参加するのに時間がかかり商談が長引いた（ツールの充実と慣れが必要）
・オンラインだと本音を話しにくい（大前提として信頼関係の構築が必要）

02 Web会議システムの6つのデメリット

先ほどはWeb会議システムのメリットについて考えてみました。

次はデメリットです。

何ごとにおいてもいえることですが、**一方の偏った情報を入手したときは、その逆の意見も情報として取り入れておくと、その事柄に厚みが増します。**

情報収集の仕方1つでも、見識が広がるでしょう。

01 対面よりはコミュニケーションの質が薄くなりがち

リアルでの対面にこだわりの強い方は、この部分に懸念を感じているようです。

確かにその気持ちはよくわかりますが、会いに行く時間や労力などを総合的に考えるとリモートのほうが圧倒的に費用対効果は高いです。

通常はリモートにして、状況に応じてリアルで対面するなど、使い分けるというのもよい手だと思います。

02 ネット環境や周囲の環境に注意する必要がある

多くの人が一番ストレスを感じているのが、この「ネット環境」ではないでしょうか？こればかりは準備やリハーサルを入念に行なうほかないでしょう。

ここで経験を積んだ方の失敗例を挙げてみます。

①動画をシェアした際に、音声が相手に聞こえていなかった
②ヘッドセットを新しいものに変えたところ、相手の声が聞こえなかった

これらがうまくいかなかった原因は「リハーサルをしなかった」からです。①は、

資料のシェアの経験は豊富でしたが、動画は初めてで、②は前まで使用していたヘッドセットに問題がなかったからという油断が原因です。

初めての試みの前には必ずリハーサルを行なうようにしましょう。ポイントを押さえて、しっかり対策をしておけば、ストレスは最小限に抑えられるはずです。

03 飲み会や交流会などが開催されないことで情報が不足する

これはある企業のチーム内で出た意見です。

これに関しては、個人的には何も問題がないのではと思っています。

社内での情報収集は会議をしなくても、メールや電話でも十分に補えます。

むしろ、スピード感を重視した場合、リアルの会議で情報を得ていては遅いでしょう。

必要に応じて、スピーディーに情報を得るのがよいと思います。

ですからリアルでもリモートでも、定例会議について私は反対派です。

何も議題がないのに集まっても、出席者の時間と人件費のムダではないでしょうか。会議の日程を決めてから、何をするかを考えるのはナンセンスだと思います。決めるべき事柄やシェアしたい情報があれば、その都度何度でも会議をやればよいのではないでしょうか。

04 サボる人が一定数出てしまう

これを必死に取り締まるのは時間と労力のムダだと思います。

リモートワークにおいて、パソコンが起動しているかどうかをチェックしている企業もあるようですが、管理しすぎてしまうと労働意欲を低下させてしまう原因となる恐れがありますので、ほどほどがよいですね。

営業マンの評価を結果重視とすれば、サボっていようが何をしていようが、「結果さえ出していればＯＫ」だと思います。

プロセスを重視する場合には、部下のモチベーションが下がらないような工夫をしながら、行動を管理する必要があります。たとえば、シンプルな基準を設けたＰＤＣ

Aの確認などはいかがでしょうか。PDCAは時代遅れだという方もいますが、私はいまだに有効であると考えています。

部下を管理したい気持ちの強い上司はヤキモキしてしまいそうですが、時代や環境に合わせて、ご自身を変化させることが大切だと思います。

05 朝礼などをしないと社員の一体感がなくなる

コロナ禍前まで毎日朝礼をしていたのであれば、リモートでも朝礼をすればよいでしょう。

しかし、そもそも朝礼をすることで、組織としての一体感をみんなで共有できていたのでしょうか？

単に人が集まることで、物理的に一体感を得られていたような気がしていただけではありませんか？

人を集めても積極的に参加する人と、そうではない人とに分かれます。「会社が決めたルールだからなあ」とイヤイヤ集まるのではなんの意味もありません。単に、それはもったいない時間になってしまいますよね。

それであれば、まずはメンバー個人個人の意識を高めるところから取り組んだほうが効果的ではないでしょうか。

チームで仕事をしている場合においては、メンバー全員が同じ目標に向かって取り組む姿勢が重要となります。

とりあえず習慣的に集まることよりも、そこを工夫するほうが先決でしょう。

06 リモート商談の準備にグズグズしていると信用を落とす

これも先ほどのネット環境の問題と同じように、準備やリハーサルをきちんとしておくことで解決する問題です。

いざＷｅｂ商談というときに資料のアップロードに時間がかかりすぎてしまったり、カメラワークがうまくいかなかったりすると、せっかくＷｅｂ商談までこぎ着けたのに、お客さまにマイナスイメージを与えかねません。

「仕事のできない営業マン」というイメージを持たれてしまったら最悪です。

そんな営業マンからモノを買おうというお客さまはいませんよね？

営業マンはイメージも大切なので、よい印象を持ってもらえるよう日々信頼を積み重ねていきたいものです。


以上、６つのネガティブな面を見てきました。

Ｗｅｂ会議システムの活用にネガティブな方は、きっと新しいことに挑戦するのが面倒に感じる気持ちが強く、できれば使いたくないので、使用方法を覚えるのも遅いのではないでしょうか。

それとは逆に、**積極的に活用しようとしている方は、使い方のマスターはもちろん結果を出すのも早いと思います。**

今回はＷｅｂ会議システムについてでしたが、どんなことでもイヤイヤ取り組むのは時間のムダです。

どうせやるなら、主体的に取り組んで、結果を出したほうがトクだし、気持ちもよいと思いませんか？

第6章

必ずうまくいく！Web商談の上手な進め方

―デモンストレーション（商品説明）のときに注意すること

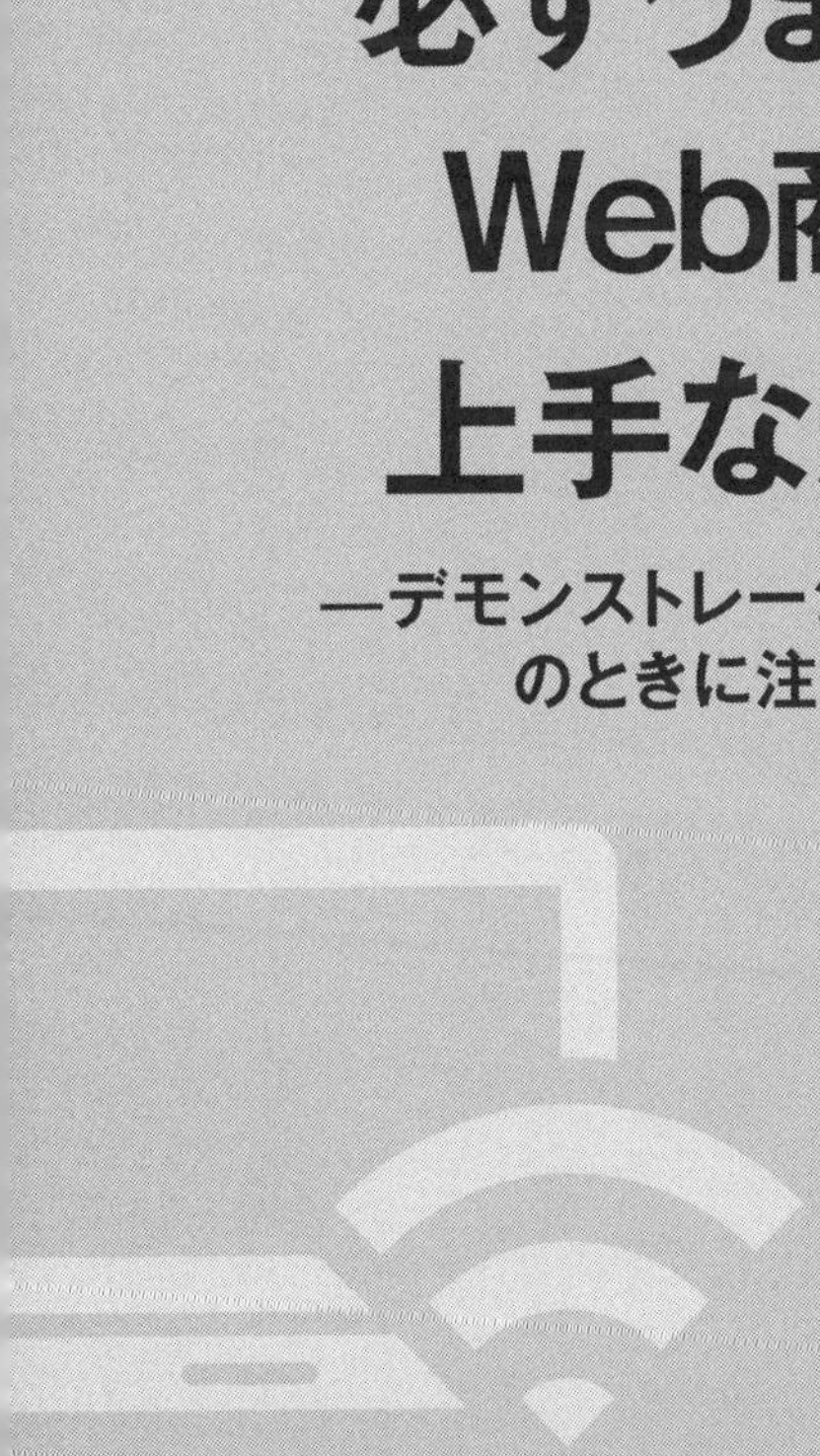

01

カメラ映りには芸能人並みに注意を払おう

この章ではＷｅｂ会議システムの上手な活用方法についてご説明していきます。まずカメラ映りの重要性について、お伝えします。

さて、あなたは「メラビアンの法則」というものをご存じでしょうか？

これは、人がコミュニケーションを取る際に、どのような情報に基づいて相手の印象を決定するのかを示した法則です。視覚・聴覚・言語の各情報から影響を受ける割合は次のようになるとされています。

・視覚情報（見た目やしぐさなど）……55パーセント

・聴覚情報（声の大きさや速さ、口調など）……38パーセント

・言語情報（会話の内容や意味など）……7パーセント

つまり、私たちが相手の印象を決める際の要素は見た目などの視覚情報が大半であり、会話の中身自体は実はほとんど関係がありません。

対面営業の際に多くの営業マンが、最も重視していた商談の内容に位置する「言語情報」は驚くことにたったの7パーセントしか伝わらないのです。

それに対して「視覚情報」は55パーセントと最も高い割合です。

そう考えると、何を重要視すれば商談の成功確率が上がるかは、おのずと決まってきますよね。

アングルはバストショット、背筋を伸ばして顎を引く

Ｗｅｂ商談における「視覚情報」とは「カメラ映り」です。

パソコンのモニターやｉＰａｄなどのタブレットを使用してＷｅｂ商談を行なう場合、カメラの位置や目線で、お客さまの受ける印象がまったく違ってきます。

Ｗｅｂ商談の成功のカギはここにあるので、しっかり押さえておきましょう。

まず悪い例を挙げます。

次ページの写真1のように顔が画面の下のほうに位置してしまっているパターンです。これではお客さまに好印象を与えることは難しいでしょう。目線も下のほうにあるので少し違和感がありますよね。

また、顔がカメラと近すぎたり遠すぎたりするのも、もちろんよくありません。

ベストポジションはバストアップでしっかり背筋を伸ばした状態です。顎を引くとさらにいいでしょう。イメージとしては、就職活動の面接時の姿勢です。とはいえ、そこまで硬くなる必要はないでしょう。

あとはカメラの角度ですが、下から見上げるようにすると威圧感が出て、偉そうに映ってしまいます。上から映すと優しい印象になります。ですからカメラの角度は真正面か、やや上からくらいにしましょう（次ページ写真2）。

ちなみに、写真のモデルは、シスコの大野部長です。イケメンでモデルにピッタリ

写真1　悪い例。顔が画面の下のほうにある

写真2　よい例。バストアップで姿勢もよい

だと思ったので、お願いしました。

同社では、Ｗｅｂ面談の際には立って臨むことを推奨しているそうです。この写真の大野部長も実は起立している状態です。

さて、ここで１つ例を挙げます。

営業マンのＦさんはコロナ禍で勤務先が出勤停止になって以降、自宅から電話でお客さまとコミュニケーションを取る機会が増えました。

最初は座って電話をしていたのですが、違和感があったそうです。

原因がわからなかったため、しばらくは座ったままで電話をしていました。

それがあるとき、この違和感は座っているからではないかと感じ、思い切って立って電話をしてみたのです。すると、今までの違和感がなくなり、スムーズにコミュニケーションを取ることができたそうです。

講演会や歌手のコンサートなどでも、座って話したり歌ったりするケースは少ないですよね。

基本的に人がよい声を出したいときは、立って腹式呼吸をした状態がベストなのです。お客さまにあなたのベストな声をお届けしたいのであれば、立った状態で話すとよいでしょう。

モニター越しの身振り手振りは控えめに

次はジェスチャーに関しての注意点を押さえていきましょう。

対面営業の際は、身振り手振りをまじえ、気持ちをこめてトークをすると、より伝わりやすかったと思います。私自身はジェスチャーがオーバーなタイプでして、しかもなんとなく自分の中でそれをウリにしているところがありました。

しかし、それはＷｅｂ商談においてはマイナスに働く可能性が高いのです。

モニター越しに身振り手振りをオーバーにやってしまうと、画面に残像が残ったりして見にくいですし、何よりも見ているほうは目が疲れます。時間が経過するにつれてよい気分ではなくなり、結果、売り上げにつながりにくくなってしまうかもしれません。

そのようなことにならないように、ジェスチャーは控えめにしておいたほうが無難です。

次に照明です。

照明があるのとないのとでは、画面映りが全然違います。

あなたの表情を、よりリアルに近い状態でお客さまに伝えるためには照明は必須です。

卓上ライトは、安いものであれば２０００円ほどで入手できます。照明は置く場所が決め手になります。顔のおかしな箇所に影ができてしまい、お客さまに悪い印象を与えてしまっては本末転倒です。

照明を置く場所をいろいろと試してみて、あなたの顔が一番映える位置を探してみてください。そして何度もリハーサルをすることが大事です。

明るく仕事ができる営業マンに映るように心がけてください。

最後にお客さまのパソコン環境です。

お客さま個人がプライベートで使っているパソコンが最新のハイスペックな製品だったとしても、外資系のＩＴ企業でもない限り、会社で使用しているものが最新のものである確率は低いでしょう。

相手の環境まで想像して、もしくは事前にリサーチしたうえでＷｅｂ商談に臨めばお互いに気持ちよくコミュニケーションが取れるでしょう。

コロナ禍でのビジネスシーンでは、営業に限らず直接人と対面で話すときは、マスクをすることがマナーとして定着してきました。営業活動中も終始マスクをつけているので、私の周りにはヒゲを生やしている営業マンが少なくありません。

しかし、Ｗｅｂ商談ではマスクは失礼ですし、画面に映ったヒゲは、リアルで見たときよりも不潔な印象を与えてしまいます。ですから、よほど自信があるという方以外は、ヒゲは剃ることをおすすめします。

マスクにふれたついでにリアルでの対面営業についてお伝えします。

営業マンの最大の武器は「素敵な笑顔」であることに異論のある方はいらっしゃらないと思います。

今のウィズコロナ時代においては、対面営業の際にマスクをつけることはマナーになっています。鼻までマスクで隠れ、目だけオープンという状態になるため、営業マンの最大の武器である笑顔が封印されてしまいます。

しかし、あきらめることはありません！

そのような状況でも笑顔の効果は発揮できます。

やり方は簡単です。マスクをしていないときよりも意識して口角を高く上げるのです。すると目の周りに笑いジワができます。

お客さまには、「この人は笑っている」という印象を与えることができるでしょう。

そうなればこちらのものです。笑顔のパワーで商談を成立させましょう。

もちろん、その笑顔はWeb商談にも使えるので、一気にレベルアップですね。

!

1 人間は相手から受け取る情報の半分以上が「視覚情報」となり、この良し悪しで印象が決まる。なので、カメラ映りには徹底的にこだわろう

2 カメラ映りのアングルはバストアップで、しっかり背筋を伸ばした状態がベスト。

3 Web商談で大きなジェスチャーを入れると、相手が会話に集中できなかったり、画面に残像が残ってうっとうしいので注意

02

準備を制する者は商談を制す！

Web商談を成功させるために最も重要なことは、とにかくしっかりと準備をすることです。

Web商談は「事前準備が9割！」と言っても過言ではありません。

まず、準備すべきポイントを解説します。

Web会議システムを使った商談や会議で、「不便・不満に感じること」のトップ5は次の通りです（203ページ図）。

・音声が安定しない（声が聞こえない・途切れる。エコーやハウリングがかかる）

・画面が固まる（止まったり・落ちたり）

・先方の空気感がはかりづらい
・準備に時間がかかる
・操作方法がわかりにくい

これらの問題の根本的な原因として、インターネットの環境や使用しているシステムの品質など、個々の利用環境に左右されやすいことが明らかになりました。

まずはご自宅の環境をチェックしていただきたいと思います。

一般的にストレスなく通信できるネットの速度は10Mbps～30Mbps程度だといわれています（ちなみにスマホは5Mbpsほど）。

速度を計測する方法はとても簡単で、ネットの検索エンジンで「スピードテスト」と入力すると、計測できるサイトがたくさんヒットします。

適当なサイトで「速度テストを実行」するだけです。

ひと昔前までは、パソコンを接続する際に有線ケーブルを使っていたと思いますが、最近はWi-Fi接続（無線）が常識になりました。

皆さんの中にも、ご自宅でWi-Fiを利用されている方が多いと思います。

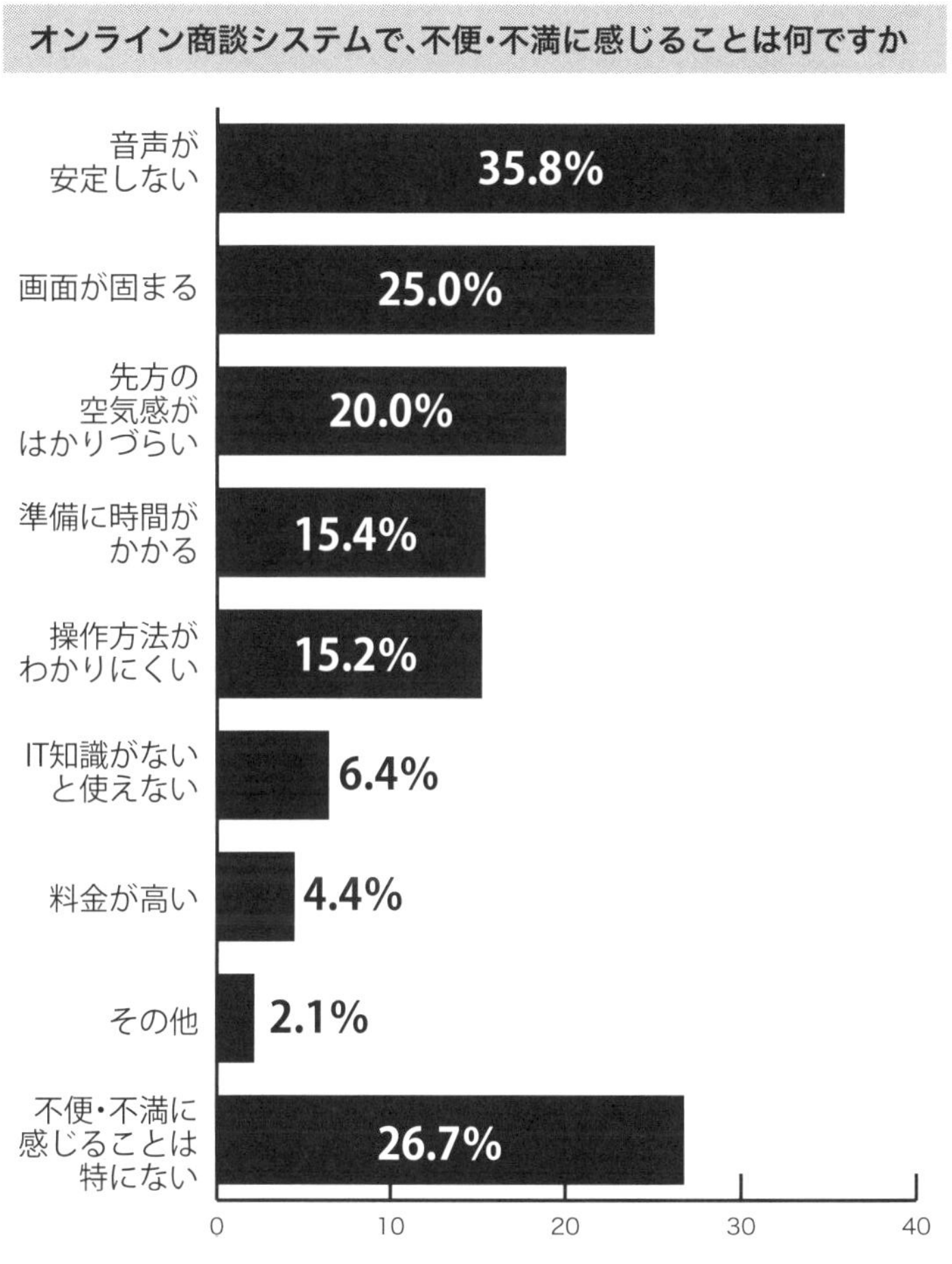

ベルフェイス社によるオンライン商談に関する実態調査
調査方法：インターネットリサーチ
調査時期：2020年4月30日～2020年5月1日
調査対象：東京、神奈川、埼玉、千葉、大阪、兵庫、福岡の7都府県在住の企業経営者層、営業職1000名

出典：ベルフェイス株式会社　2020年5月18日プレスリリース「「オンライン商談」に関する実態調査をベルフェイスが実施」https://corp.bell-face.com/news/2935

しかし、**接続の安定性を考えると無線より有線のほうが望ましいです。リモート時代に突入して、改めて有線のよさが見直されてくるかもしれません。**

それでは外出先でWeb商談をする際の準備に移ります。

外出先での環境として想定されるのは小型のWi‐Fiルーターかスマホのテザリング機能ではないでしょうか。

両方とも考え方は同じで、データ通信量や速度が問題になってきます。

最近は、1カ月3000円ほどの使用料金で、大容量のものもあるようです。テレワークに必要な通信量の目安は一般的に1～2GB／日ほどといわれていますが、容量の上限を気にしながらでは、よい仕事はできません。

会社員で営業をされている方は、容量無制限のWi‐Fiルーターを支給してもらえるよう交渉することをおすすめします。さっそく上司に交渉しましょう。

ネットの接続テストとリハーサルは必ずしよう

Ｗｅｂ商談でよく起こる音声トラブルはエコーやハウリングです。

よくあるのがパソコンに追加して、タブレットやスマホでも同時にミーティングに参加しているケースです。

どちらかをミュートにしたり、退出することで問題は解決します。

単純な問題ですが、意外と多いようです。エコーやハウリングが始まるとすべてがストップしてしまうので、時間がもったいないです。注意しましょう。


また、事前に接続テストをしておくことも大切です。

商談の10～15分前に会議室に参加しておけば、時間的にも精神的にもゆとりが生まれます。

私は自分が主催するＷｅｂ商談の場合は、基本的には15分以上前に参加をしています。15分あれば、トラブルが起きても、たいてい解決できるからです。最悪の場合、パソコンを再起動することもできます。

事前に会議室に参加をしてみて、問題なくログインできるかを確認すると同時に、音声トラブルがないかもチェックします。

時間に余裕を持って毎回準備の前には再起動しておくとなおよしです。どうにもならない場合は、パソコンを再起動すると解決することが多いので、おすすめです。

さらに、軽く商談のリハーサルをやっておくとベストです。

共有したい資料は事前にアップロードしておく

商談が開始しました。

ここで質問です。あなたは、お客さまと資料の共有をする際に、自分のデスクトップ画面にあるアイコンをクリックしていませんか？

悪い例としては、デスクトップ画面がアイコンでいっぱいでゴチャゴチャしていて整理されていないケースです。意外と多いのではないかと思います。

お客さまによっては、細かい部分まで見ている方もいらっしゃいます。もしかしたら、乱雑なデスクトップ画面を見て、あなたのビジネススキルや人間性を重ね合わせてしまう方もいるかもしれません。なので、デスクトップはきれいにしておきましょう。

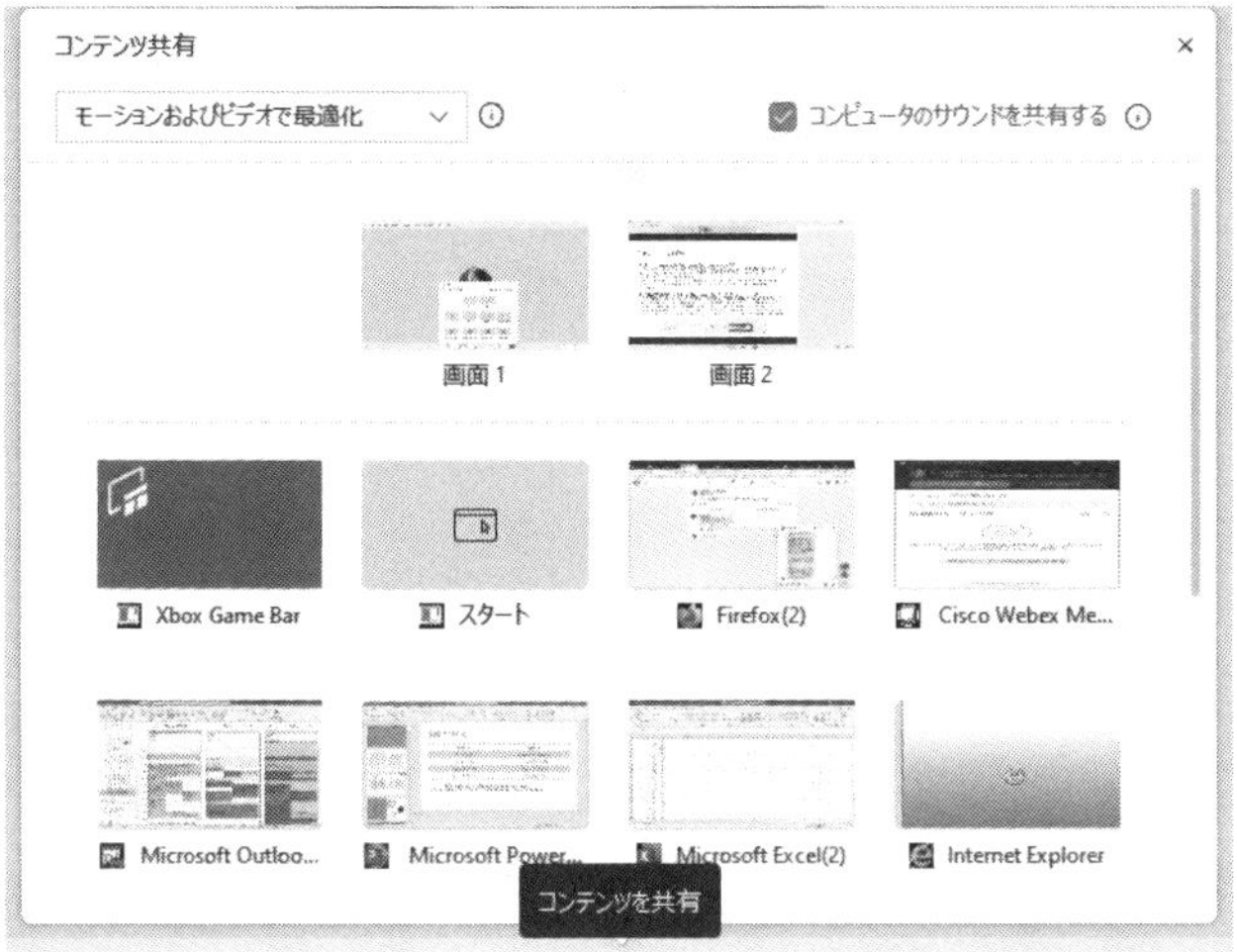

事前に資料をアップロードしておけば、商談中にワンクリックで自由に表示・切り替えができる。画面はシスコシステムズのCisco Webex

また、アイコンをクリックしてから、資料をアップロードして共有されるまでには、回線の状態によってはそれなりに時間がかかります。

商談中は、お客さまを待たせないに越したことはありません。

最近のWeb会議システムの多くは、資料をファイル共有機能を使って事前にアップロードしておくことで商談中にワンクリックで自由に切り替えられるようになっているので、会議の前にアップロードしておきましょう（上図）。

画面全体を共有しなくても、もっとシンプルに資料の共有をすることが可能です。

すでにアップロード済みなので、一瞬で資料の画面に切り替わります。

ほかのＷｅｂ会議システムでも似たような機能を備えている場合がありますので、活用してみてください。


さて、先ほども言いましたが、音声トラブルを経験した方は多いと思います。声が聞こえなかったり、ノイズで聞こえにくいという状況は大きなストレスになります。そんなことで商談への集中力が妨げられてしまってはもったいないですね。

それを解消する手段として、「パソコン本体のマイクとスピーカーを使用しない」という選択肢もあります。

パソコン本体のマイクは集音性能が低いものが多いです。「ヘッドセット」や「マイク付きイヤホン」を使って快適に商談できるように工夫しましょう。


最後に家庭の環境です。

重要な商談やミーティングの際には、前もって家族に予定をシェアしておきましょう。

特に小さなお子さんがいるご家庭の場合、部屋に入って来たり大きな声をあげたり

リモート会議用のWebカメラ、ヘッドセットは高機能なものを使うことで、商談がよりスムーズに進む。写真はシスコの「Cisco Webex Desk Camera」、「Cisco Headset 532」

する可能性があります。

お子さんに注意をうながしすぎてもかわいそうなので、お客さまに対して商談の冒頭に、「うちには小さい子どもがいます。会議中は静かにしているように伝えてありますが、うるさかったら申しわけありません」と説明しておけば、それに対して文句を言う方はいないのではないでしょうか。

このように、事前の準備やリハーサルに対して細かい配慮ができれば、商談を制する確率は大きくアップするはずです。

「準備を制する者は商談を制す！」

毎日朝礼で、3回復唱したいくらい重要な言葉です。準備は面倒なので、ラクをしたくなる気持ちはよくわかります。私自身かなり面倒くさがり屋なので、トラブルが起こらない範囲内で最小限の準備で済むようにしています。

自分のネット環境やパソコンのスペックなどをしっかり把握しておき、どのようなトラブルが起こりやすいのかを押さえておけば、ラクに準備ができます。

1 商談をスムーズに進めるためにも、インターネット環境や使用しているシステムへの投資はケチらない

2 商談開始前にネットやPCの状態のチェック、説明のリハーサル、共有資料のアップロードなど、きちんと準備をして商談に臨もう

3 自宅で商談を行なう場合は、事前に家族に知らせるだけでなく、相手にも開始時にその旨を伝える

03

Web商談にお客さまを招待する際の注意事項

お客さまにＷｅｂ商談の合意を得られたら、次にやることはＷｅｂ会議システム内での「日時の予約↓お客さまにインビテーションメール（招待メール）を送る」です。この作業はあと回しにせずに、できる限り素早く行ないましょう。これを忘れていたり、直前だったりするとお客さまからの信用を落としかねません。

やり方は各Ｗｅｂ会議システムによって異なりますが、特に難しいことはありません。自分で何度かセッティングをすれば覚えられるでしょう。

予約が完了したら、お客さまのメールアドレスなどにインビテーションメールを送ります。

このメールの文中に、商談に参加するためのＵＲＬが記載されています。

お客さまはこのURLをクリックするだけで参加できるのです。これなら、Web商談の経験が少ないお客さまに提案をするときに「URLをクリックするだけです」というフレーズはとても有効です。

ぜひ多用してたくさんのWeb商談をこなしてください。

約束の時刻をすぎてもお客さまがWeb会議室に現れないときは？

さて、商談の当日になりました。

開始時刻の10～15分前にセッティングを完了したあなたは、お客さまが参加してくるのを待ちます。

しかし、約束の時間になってもお客さまは会議室に入ってきません。15分ほど待ちましたが、まだいらっしゃいません。

「もしかしてアポイントメントを忘れているのかな？」「ネットワーク環境のトラブルかな？」などと、あれこれ考えがめぐります――こんな経験をしたことのある方は多いのではないでしょうか？

私もＷｅｂ商談を始めたばかりのころ、同じような状況になり、相当あせった経験があります。それに加えて、逆に自分自身のネットワーク環境のトラブルで参加できなかったということも何度かありました。

このような事態を回避する方法をいくつかご紹介します。

まずはお客さまにインビテーションメールを送る際、本文に、

「10分経ってもＷｅｂ会議室にいらっしゃらない場合は、こちらからお電話をさせていただきます」

と、ひと言添えておくだけです。

このようにしておけば、どちらにトラブルが起きたとしても、電話での商談に切り替わるだけです。

万が一のときに備えて保険をかけておけば安心できますね。

また、Ｗｅｂ会議システムのいくつかは電話回線との併用ができます。もしネットワークの状態が悪く音声が途切れがちなときは、会話には電話回線を使い、資料や提案書の共有はネットで行なうといったことも可能です。

Ｗｅｂ会議システムを使用していると、さまざまなトラブルに遭遇します。

Web会議システムの中にはネットワーク回線の状態が悪いときには電話回線で音声をやりとりできるツールがある。画面はシスコのCisco Webex

もしトラブルに遭遇したり、その解決方法や回避方法を発見したら、それを覚えておき、次回以降に備えましょう。よく起こるトラブルやその対処法をチームの全員でシェアすれば、トラブルを事前に防げるとともに、各人のスキルアップにつながります。

1 お客さまにWeb商談の合意を得られたら、すぐにミーティングを作成して、インビテーションメールを送る

2 なんらかの事情で、お客さまが約束の時刻をすぎてもWeb会議室に現れないということがあり得るので、その場合は「電話をかける」ことを事前に知らせておく

3 Web会議システムのいくつかは電話回線との併用ができるので、インターネットの接続状況次第では、音声は電話回線を使うことを想定しておく

04

バーチャル背景は使わない

コロナ禍に突入して急速にリモート化が進む中で、Ｗｅｂ会議システムの需要が増えると踏んだ多くの企業が、そのシェアを取るために新たなＷｅｂ会議システムを開発して、市場に参入してきました。

企業によって特徴はありますが、１つの個性として「バーチャル背景」の種類の多さが挙げられます。

バーチャル背景は見ていて面白いものがたくさんあります。当初、私は社内ミーティングの際にはふざけたバーチャル背景を好んで使っていましたが、社外のお客さまとＷｅｂ商談をする際には、さすがにビジネス向きの背景を選択していました。

通常のＷｅｂ商談であれば、それで何も問題はないのですが、商品の現物を使った

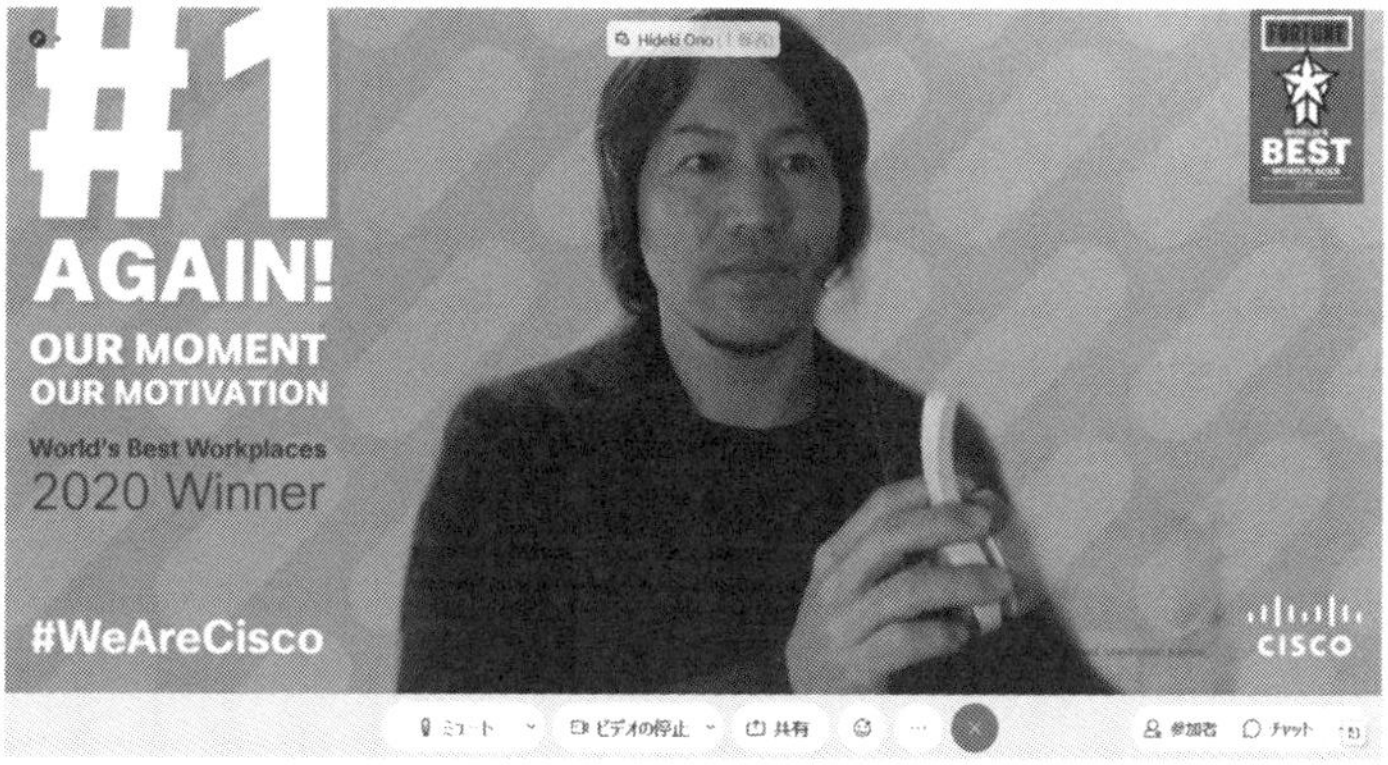

写真1　バーチャル背景を使うと人物以外のモノが映りづらくなる

商談の際に不都合なことが起きたのです。

上の写真1をご覧ください。

これは先ほどのシスコの大野部長がヘッドセットを持っているシーンです。

向かって右側にあるヘッドセットが背景に吸収されているように見えますね。

バーチャル背景は人物を残して、それ以外は背景を映すように作られています。

人の範囲を超えたモノは背景化してしまうのです。

写真1はCisco Webexですが、これはこのシステムだけの特徴ではなく、ほかのメーカーさんのWeb会議システムでも同じような現象が起こります。

この現象への対処法について考えられることの１つとしては、商品を自分の身体の外から出さないようにすることでしょうか。

そのように思った私は、実験的にやってみました。

複数のＷｅｂ会議システムで試しましたが、完全な形で商品が見えることはなく、多少ブレたり透けたりしてしまいます。

これでは商品をほとんど動かさずにお客さまに説明をしたり、背景を気にしながらデモンストレーションすることになってしまうため、注意が散漫になって集中力に欠けた商談になってしまうでしょう。

それであれば思い切って「バーチャル背景を使わない」ほうがよいのではないかと思いました。

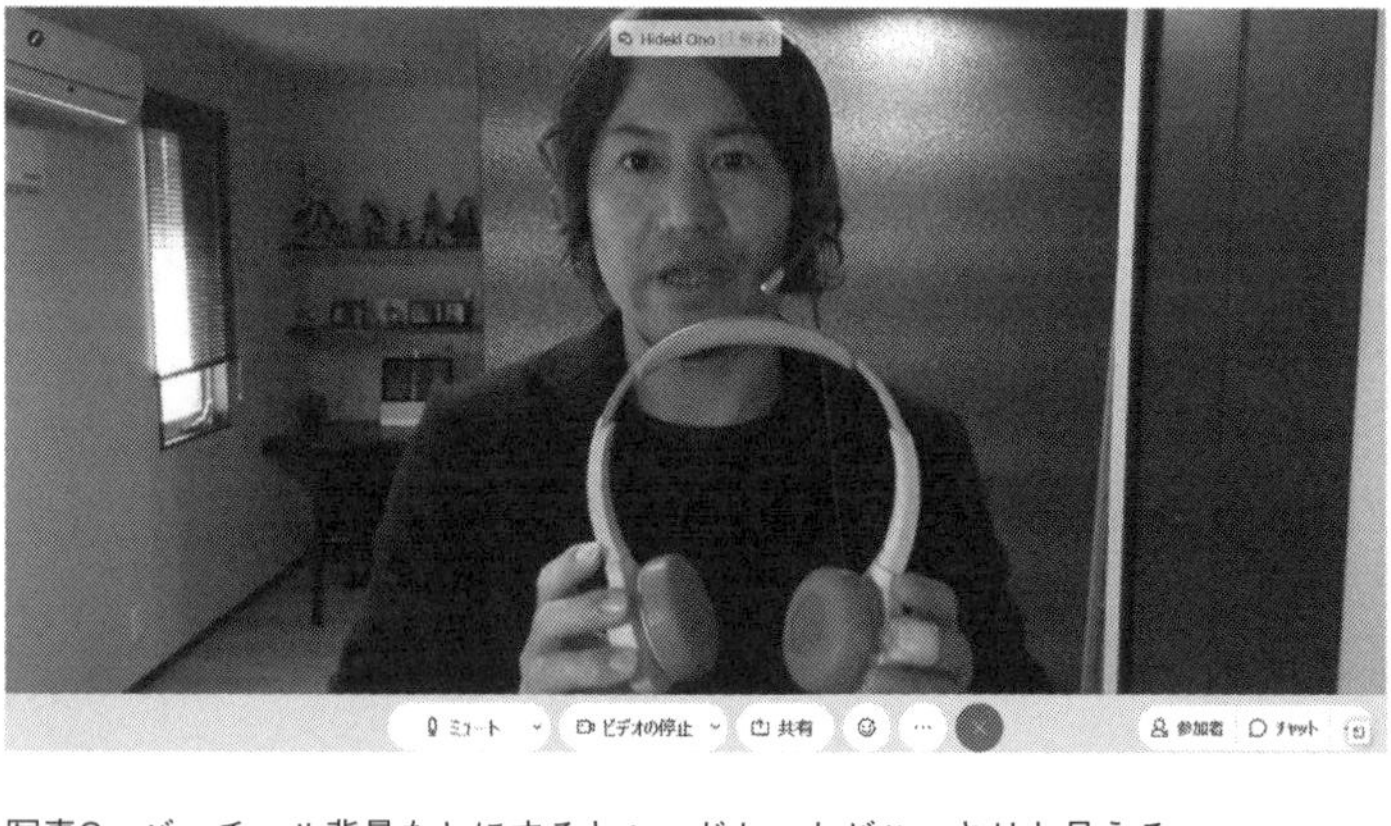

写真2　バーチャル背景なしにするとヘッドセットがハッキリと見える

バーチャル背景を使わないデモンストレーションの風景が前ページの写真2です。

今度はヘッドセットがハッキリと見えますね。

これは実際に大野部長がWeb面談の際に使用されている背景の状態です。部屋がすっきりと整理されているので、お客さまに不快な思いをさせることなく気持ちのよい面談ができると思います。

それとは逆に部屋が散らかっている場合は、バーチャル背景を使いたくなりますよね。私も当初はリアルかバーチャルかで迷うことが多々ありました。

背景は白い壁紙か緑色の布がおすすめ

Web会議をしていると、参加者のいろいろな個性を垣間見ることができます。

たとえば以前、カーテンを背景にしている人がいました。昼間のミーティングだったのですが、窓側を背景にしてしまうと逆光になるので、顔が暗くなり表情が冴えないように見えてしまいました。

ほかの例ですと、バーチャル背景を使用していたのですが、顔が紫色っぽく幽霊のように見えてしまう人がいました。思わずツッコミを入れましたが、ほかに場所がなかったようで終始、幽霊顔で会議に参加をしていました。

この幽霊顔の人は部屋の中から参加していたようですが、蛍光灯の光が暗めだったようです。なので、昼間のミーティングであれば、できるだけ自然光のほうがよいでしょう。

私がよく使っていておすすめなのは、白い壁紙を背景にすることです。

たまたま部屋の壁紙が白かっただけなのですが功を奏しました。

面談した相手に感想を聞いてみると、「バーチャル背景より断然よい」という意見が多かったです。

壁紙が無地ではなかったり、部屋がゴチャゴチャしていて見られたくないという方におすすめなのは背景に「無地の布を引く」ことです。

イメージとしては動画の撮影などの際に、背景をグリーンバックにして臨んでいるシーンですね。これと同じ要領です。

緑をおすすめする理由ですが、それは緑の布をそのまま背景として使用できるうえ、バーチャル背景を使ったときにも人物が映えるからです。

また、緑は目にやさしく疲れにくいというメリットがありますし、鎮静作用やストレスを軽減する作用などの心理的な効果があります。

1 バーチャル背景を使うと、商品を手に持って説明する際に、商品の全体がきちんと映らないので、使用しないほうがよい

2 自宅でWeb商談を行なう場合は、部屋の明るさに特に注意する。照明次第で印象がまったく違ってしまう

3 Web商談の背景は、白い壁紙や緑色の布など、落ち着いた印象を与えるものがよい

05

商品のデモンストレーション攻略法

Ｗｅｂ商談の際に、資料を使って案件を前進させることは、なんの問題もなくできたと思います。

あなたの取り扱う商品が有形商材の場合、お客さまが商品の採用を決めるときには少なくとも1回は、現物を手に取って使用感を試したいと思うはずです。

会社によっては営業マンが訪問できなかったりしますが、Ｗｅｂ会議システムを駆使すれば、この問題は簡単にクリアできます。

とはいえ、Ｗｅｂ会議システム上で、あなたが商品の使い方を一方的に説明するだけでは、お客さまは納得しないでしょう。

やり方はとても簡単です。

まず事前にやっておくことは、説明会の日までにデモ用のサンプル品をお客さまへ郵送しておくことです。これで説明会当日、お客さまとあなたは同じデモ用のサンプル品を持っていることになります。

Ｗｅｂ会議システムを使って、商品を見せる際のポイントを確認しておきましょう。

まず、前項でも言いましたが「バーチャル背景は使わない」ようにしてください。あなたの背景は白い壁か、緑色の布など、可能な限りシンプルにしておきましょう。

次にカメラですが、パソコン本体の付属カメラではなく、別売りのＷｅｂカメラを使うことをおすすめします。パソコンのカメラよりも画質が高く、移動可能なのでいろいろな位置から商品を撮影できます。

そして何よりも重要なのが、「リハーサルを行なう」ことです。商品説明を成功させたければ、リハーサルは必ずやりましょう。

特にカメラワークがスムーズにできるようになるまで何度でも練習します。リハーサルは１人で行なわず、チームメンバーなどにお客さま役になってもらい、第三者の目線からアドバイスをもらうことで、クオリティを上げることができます。

●商品説明をする際は事前に「使用説明動画」を見せる

さっそく商品説明へといきたいところですが、ここで気持ちを抑えて、ひと呼吸置いてみてください。

お客さまが商品のことをどの程度知っているかにもよりますが、いきなり使用説明をしてしまうと先方が不器用な方だった場合、高い確率で「使いにくい」という結論が出されてしまいます。

それを回避するための手段として、使用方法を説明する前に一緒に「使用説明動画」を見ることをおすすめします。

一緒に動画を見ながら、場面によって「ここが一番のポイントです」とか「この使い方に注意してください」などのフォローを入れるのもよいでしょう。

動画がないですって？

なければ撮影すればいいのです。

今はスマホで撮影しても、それなりのクオリティの動画を作れます。商品を取り扱うポイントさえ押さえてあればいいのです。素人感丸出しの動画でも何も問題はありません。

それでも恥ずかしいというのであれば、動画を見せる前に「今日のために動画を撮ってきました。初めて撮影をしたのでヘタクソですが、少しでもお役に立てばと思いまして」などとひと言添えれば一生懸命さが伝わり、かえってポイントアップするかもしれません。


動画を見終わったら、いよいよ実際の商品を使って説明していきます。

このシーンでは、商品を手に取って説明を行なうので、そこに意識が集中して声が小さくなることが考えられます。あなたのＷｅｂ環境はよくても相手も同様とは限りませんので、声の大きさには気を配りたいですね。

カメラの位置を、手元の商品が映る位置に移動します。

この動作はリハーサルで何回か練習しておけば、スムーズにできるでしょう。

逆にいうならば、しっかりとリハーサルをしておかないと、このへんでグズグズしてしまい「この営業マンは頼りない」という印象を与えてしまいかねないので要注意です。

せっかくのチャンスを活かすも殺すも、リハーサル次第であると言っても過言ではありません。

デモンストレーションのやり方は千差万別で、バリエーションは無数にあります。「これが正解！」というものはないでしょう。

それは、取り扱う商品やお客さまのタイプ・人数によっても違ってきます。TPOに応じて使い分けましょう。

例を挙げると、

「あなたとお客さまが同時にデモをするパターン」

「あなたが最初に使い方を説明したあとで、お客さまに使っていただくパターン」

などが考えられます。

このほか、デモの際にあなたの顔を映したほうがよいのかどうかという選択肢がありますが、これも好みですね。私は顔は出さない派ですが。出したほうがテンションが上がるという方は、出してみてください。

さらには、デモンストレーションが終わったあとに、再度動画を見せるというケースもありますが、これも状況次第ですね。お客さまに「最後にもう一度動画で復習してみますか？」と聞いてみてもよいかもしれません。

1 Web会議システムを通じて商品説明をする際は、デモ用のサンプル品を事前にお客さまへ郵送しておくと、同じ体験ができ、お客さまの納得感も高まる

2 リハーサルは必ず行なうこと。特にカメラワークがスムーズにできるようになるまで何度でも練習しよう

3 実際に説明する前に、お客さまに「使用説明動画」を見せておくと、「使いにくい」という印象を持たれづらくなる

06

商談の直前／直後にすべきこと

ここまでＷｅｂ会議システムを使用した商談を行なうまでの準備について、お伝えしてきました。

ここでは商談の直前と直後に行なうべきことについて説明します。

まずは直前のチェックで最も重要なことは、パソコンがきちんとインターネットに接続されているかどうかの確認です。当たり前のことですが、毎回しっかりチェックしましょう。

先ほどもふれましたが大切なポイントなので繰り返します。

パソコンは再起動することでスムーズに稼働しやすくなるので、商談の前にはあらかじめ再起動しておくことをおすすめします。

次に、**商談に不要なアプリケーションは終了させておきます。**パソコン上で多くのアプリケーションが動作していると、カメラやマイクのホールドを占有されたり、Ｗｅｂ会議システムのパフォーマンスを下げる可能性があります。必要なもの以外は終了させておきましょう。

コロナ禍以前から私が個人的に気になっていたことですが、ミーティングの際にパワーポイントなどのプレゼン資料を画面共有している最中にメールを受信すると、通知が表示されてしまいます。そのため、私はＷｅｂ商談やミーティングの際には、Outlookなどは閉じるようにしています。Outlookに限らず、**通知のポップアップが表示されるアプリケーションは閉じるようにしましょう。**

また、**Ｗｅｂ会議システムを立ち上げる前にＶＰＮ（仮想プライベートネットワーク）は切断しておきましょう。**ＶＰＮとは、自宅などから会社のネットワークなどに仮想的な専用線をつなぎ、安全なデータ通信を実現する仕組みです。多くの企業が導入していると思います。

ＶＰＮに接続したままＷｅｂ会議システムに参加すると、ＶＰＮ側の設定や混雑の影響を受けて、Ｗｅｂ会議システムのパフォーマンスが下がってしまう可能性があります。ですので、事前に切断しておきましょう。

早めに行動することで不測の事態が起きてもあわてないようにする

自分が主催するＷｅｂ商談の際には、できれば10分以上前に、自分が主催ではない場合でも最低5分前には参加しておくといいでしょう。

会議室にログインする際に、ＰＣやネットワークの不具合が発生すると、あっという間に時間が経ってしまいますから、遅れないためにも早めに行動しましょう。

まだ私がＷｅｂ会議に慣れていないころ、開始時刻ギリギリになって参加してみたところ「音声にトラブルが発生したのでアプリケーションを再起動してください」というメッセージが出たので、指示通りにアプリケーションを再起動しました。

しかし、状況が変わらなかったので、パソコン本体を再起動することになってしまいました。結果的に再起動をしたおかげで会議には参加できたのですが、これに時間を取られた分、遅刻をしてしまいました。それ以後は、開始時刻の10分以上前には参加するようにしています。

さて、次は商談の直後にすべきことですが、終了したら基本的にはやるべきことはありませんよね。とはいえ、丁寧に仕事をされる方であれば、これまでも商談の内容を振り返りながらまとめたりしていたと思います。

リモート時代のミーティングのアフターフォローは、商談の録画を視聴できるリンクを、議事録の代わりにお客さまに送ることです。

商談に参加をしながら議事録をとった経験のある方なら、この便利さがおわかりいただけると思います。最近は議事録作成ツールなどもありますが、Ｗｅｂ商談においては「録画ボタンを押すだけ」で済むうえ、文字起こしのミスもないのでさらに快適ですね。

こうすることで、あとで言った／言わないで揉めることはなくなります。

ただし、毎回送る必要はありません。重要な商談のみでいいでしょう。

!

1 不測のトラブルを回避するために、事前にパソコンを再起動するとともに、商談に不要なアプリケーション（メーラーなど）は立ち上げないようにする

2 会社のＶＰＮに接続したままＷｅｂ会議システムに参加すると、Ｗｅｂ会議システムのパフォーマンスが下がる可能性があるので事前に切断しておく

3 重要な商談の場合は、終了後にお客さまに録画リンクを送っておくと、それが議事録の代わりとなり、あとでトラブルが起きにくい

おわりに

激動の2020年が幕を閉じ、本格的にアフターコロナ／ウィズコロナ時代がスタートしました。

新型コロナウイルス騒動は世界的にも大きな衝撃がありましたが、このような苦難の時代においても、逆境を跳ね返すような快挙は誕生するものです。

その代表格として取り上げたいのは、国内映画の歴代興行収入1位となる346億円を突破した『鬼滅の刃／無限列車編』（2021年1月4日現在）、発売前予約の時点で完売が相次いだ「プレイステーション5」、反響の大きさから異例のデビュー前に紅白歌合戦出場が決定したガールズポップグループ「NiziU（ニジュー）」です。

この3つのコンテンツには、「SONY」という共通項があります。

これらはすべて、SONYグループが手がけているのです。恐らくSONYのマーケティングチームが優秀か、カリスマ敏腕マーケターでもいるのでしょう。

いずれにしても、厳しい環境の中で、記録的な結果を残したことは称賛されるべきことです。この事例から、コロナ禍においても結果を出すことは可能であるということがおわかりいただけるでしょう。

多くの人は暗い話題を前にするとネガティブになりがちです。

しかし、逆に考えるとそのような状況だからこそ、他人と違う方向を向けばチャンスはたくさん転がっています。

映画館は密閉空間に当たるという理由から、人びとの足が遠ざかりました。密を避けるためにひと席空けて座れば、お客さまの数は半分しか入りません。新作映画は軒並み公開が延期となりましたが、そのような逆境の中で「鬼滅の刃」は公開されたのです。フタを開けてみれば、新作が公開にならないので空いた時間に「鬼滅の刃」を組み込み、通常よりも上映回数を多くすることができたのです。

内容の面白さはもちろんですが（私は2回観に行きました）、緻密なマーケティング戦略がうまくハマって、歴史的快挙を成し遂げたのだと思います。

よく「コロナが落ち着いたら」というセリフを耳にしますが、ビジネスにおいては「コロナは落ち着かない」と割り切って、次の一手を考えるべきなのです。

さて、リモート営業は本当に素晴らしい営業手法です。

コツをつかんで慣れてしまえば、ものすごくラクをすることができます（笑）。

本書には、どれだけラクができるかを詰め込んだつもりです。ぜひとも主体的に取り組んで、リモート営業を極めていただきたいと思います。

さて、「鬼滅の刃」の登場人物である煉獄杏寿郎が映画の中で「俺は俺の責務をまっとうする！」というセリフを言い放ち、ファンの間で人気の名言となっています。

現在、厳しい環境に身を置かれている方も多いと思いますが、本書を参考にしていただき、煉獄さんのように責務をまっとうしていただけたら、著者としてこんなにうれしいことはありません。

本書の作成にかかわっていただいた数多くの皆さまに心から御礼申し上げます。特に編集を担当してくださった貝瀬裕一さん、シスコシステムズ合同会社の大野秀記さんにはご指導ご鞭撻をいただき感謝しております。

最後に、いつも応援してくれている家族に感謝の気持ちを伝えて筆をおきます。

いつもありがとう。

2021年1月　財津 優

財津 優（ざいつ ゆう）

TEAM Z代表／営業戦略クリエイター
世界約200カ国に展開する大手外資系企業にて、入社1年目から売り上げ金額と新規獲得顧客数の両方で、2位にダブルスコアの大差をつけてトップとなり「新人賞」と「優秀セールス賞」を獲得。その後も毎年トップセールスとして表彰されつづけ、2017年にはニューヨークや中国でも表彰され「winner」の称号を獲得。そのかたわらで、講演会やセミナーの開催、セールスコンサルティングなども行なう。個人コンサルにおいては100パーセント実績を上げることに成功。そのほか2社において社外営業部長を兼務する。
2019年にリモート営業のコンサルティング会社を設立し、シスコシステムズとパートナーシップを結ぶもコロナ禍の影響を受けて撤退する。一般社団法人switcherの理事・事務局長として、クリエイターの育成をサポートするためのイベントやセミナーを運営。相談役を務めるNPO法人 維新隊ユネスコクラブでは教育格差を是正するため、ひとり親家庭など学習サポートを必要とする小・中学生を対象に個別指導型の「食事つき無料塾」の支援などを行なう。著書『世界No.1営業マンが教える やってはいけない51のこと』（明日香出版社）は、アマゾンランキング（営業・セールス部門）で1位を獲得。韓国での出版が決定している。

リモート営業の極意

外資系トップセールスが教える“会わなくてもバンバン売る”技術

2021年3月16日　第1版第1刷発行

著者　財津 優
発行所　WAVE出版
〒102-0074　東京都千代田区九段南3-9-12
TEL 03-3261-3713　FAX 03-3261-3823
Email:info@wave-publishers.co.jp
URL　http://www.wave-publishers.co.jp
印刷・製本　中央精版印刷

　ISBN978-4-86621-332-3

NDC336　236p　19cm